In jedem von uns steckt noch ein Knilch, der imstande wäre, solche Weisheiten von sich zu geben: «Das Schädlichste für die Augen ist die Überanstrengung. Darum ist es am besten, man stirbt, bevor man die Augen für immer schließt.» Denn falsch ist, es gäbe Knilche nur bis zu einem gewissen Alter. Richtig ist vielmehr, daß dem Knilchsein keine Grenzen gesetzt sind, weder zeitliche noch räumliche. «Diese Sammlung», schreibt der Autor, «ist der beste Beweis dafür, daß es sich hier um ein universales Phänomen handelt. Mein Dank gilt den vielen Jägern und Sammlern in aller Welt, besonders denen hinter dem Eisernen und dem Bambus-Vorhang, in Berlin und auf Madagaskar, die mir unschätzbares Material für meine Knilche-Forschung zur Verfügung gestellt haben.» Mit spitzer Feder spießt der unermüdliche Forscher des unfreiwilligen Humors neue zwerchfellerschütternde Stilblüten, unbeabsichtigte Witze und tragikomische Schul-Weisheiten auf. «Die rund 1000 von Jean-Charles gesammelten Pointen sind eine Lektüre, die man sich nicht entgehen lassen sollte» («Abendzeitung», München).

Jean-Charles, am 2. Dezember 1922 in der Dordogne geboren, legte sein philologisches Staatsexamen an der Universität Bordeaux ab, promovierte zum Doktor der Philosophie und wurde Lehrer. Er wechselte diesen Beruf jedoch sehr bald, arbeitete als Postbeamter, Direktor einer Artistengruppe, Rundfunksprecher, Sänger, Holzhändler, Vertreter, Fremdenführer, Werbefachmann und Viehtreiber, bis er die Beschäftigung fand, die seinen Neigungen und Vorstellungen am meisten entsprach: er wurde Journalist. Diesen Beruf und den des Schriftstellers übt er seit rund zwanzig Jahren in Paris aus. Er schrieb mehrere heitere Romane, aber erst mit seiner Sammlung von Perlen aus Kindermund und Pennälerheften, «Die Knilche von der letzten Bank» (rororo Nr. 1616) erlangte er internationalen Ruhm. Einem zweiten Band, «Knilche bleiben Knilche» (rororo Nr. 1665), Stilblüten von großen und kleinen Leuten, war ein gleicher Erfolg beschieden. Jean-Charles lebt mit seiner Frau Jehanne und seinem Sohn Jérôme unweit von Paris.

Jean-Charles

Knilche
sterben niemals aus

*Aus dem Kindermund
von kleinen
und großen Leuten*

Rowohlt

Die Originalausgaben erschienen unter dem Titel
«La Foire aux Cancres continue» und «Tous les Cancres»
Ins Deutsche übertragen von HERMANN SCHREIBER
Umschlagentwurf Dietrich Lange

1.–40. Tausend   Juli 1975
41.–48. Tausend   Juli 1975

Ungekürzte Ausgabe
Veröffentlicht im Rowohlt Taschenbuch Verlag GmbH,
Reinbek bei Hamburg, Juli 1974
mit Genehmigung des Scherz Verlags, Bern–München–Wien
Copyright © by Calmann-Lévy 1969 für «La Foire aux Cancres continue»
und 1971 für «Tous les Cancres»
Satz Aldus (Linotron 505 C)
Gesamtherstellung Clausen & Bosse, Leck/Schleswig
Printed in Germany
380-ISBN 3 499 11734 7

Inhalt

Ein Vorwort?

Eigentlich ist es überflüssig, die Knilche mit einem lauten Tusch anzu-
kündigen wie eine Zirkusnummer. Man braucht sie schon längst nicht
mehr vorzustellen, unsere Denkakrobaten und Sprachartisten. Wir kennen sie mittlerweile so gut, wie wir uns selbst kennen – falls wir uns
selbst kennen. Denn in jedem von uns steckt ein Knilch; zumindest sollte
es so sein, meinen die Ärzte und Psychologen. Nur eingefleischte Senior-
Knilche sind heute noch der Ansicht, es gebe Knilche nur bis zu einer
gewissen Altersstufe. Tatsache ist vielmehr, daß dem Knilchsein keine
Grenzen gesetzt sind, weder zeitliche noch räumliche.

Diese neue Sammlung ihrer überzeugendsten Produktionen ist der
beste Beweis dafür, daß es sich hier um ein universales Phänomen
handelt. Mein Dank gilt den vielen Jägern und Sammlern in aller Welt,
besonders denen hinter dem Eisernen und dem Bambus-Vorhang, in
Berlin und auf Madagaskar, die mir unschätzbares Material für meine
Knilch-Forschung zur Verfügung gestellt haben.

Vor allem aber freue ich mich, mit meinen Kollegen in Ost und West
darin übereinzustimmen, daß es Knilche immer und überall geben wird
und daß es schlimm mit uns stände, wenn es anders wäre.

Jean-Charles

Jeder Mensch braucht
ein Skelett

Manchmal versuche ich mir vorzustellen, daß irgendeine Weltkatastrophe alles Leben auf der Erde vernichtet und daß einige Jahrhunderte später Archäologen von einem anderen Stern im Erdschutt nur noch ein einziges Buch finden: dieses. Sollten sie das, was die Knilche der Vorder- und Hinterbänke im Laufe der Zeit verzapft haben, tatsächlich ernst nehmen (und warum sollten sie dies nicht tun?), so würde ihnen meine Sammlung eine zweifellos recht eigenartige Vorstellung von unserer Zivilisation und der Intelligenz des sogenannten Homo sapiens vermitteln, ganz zu schweigen von den widerspruchsvollen Beschreibungen seiner Anatomie. Zugegeben, aus der Dreikäsehoch-Perspektive sieht der Körper des Menschen etwas anders aus als von der Warte des Gelehrten, und so kommt es denn, daß den emsig forschenden Nachwuchs-Anatomen verblüffende und sozusagen noch nie dagewesene Besonderheiten an ihrem Skelett (oder dem ihres Klassenkameraden, ihrer Freundin, ihres Lehrers) auffallen.

Die Knochen

«Jeder Mensch hat ein Skelett, auch wenn er es nie zu Gesicht bekommt.»

«Die Knochen sind dazu da, daß die Muskeln nicht in sich zusammenfallen. Das Knochengerüst hält den ganzen Menschen in der Senkrechten, die waagerechten Knochen sind die Arme und die Rippen, von denen es eine ganze Menge gibt, je nachdem, wie dick einer ist.»

«Die Rippen sorgen dafür, daß der Bauch nicht ganz aus dem Leim gehen kann.»

«Die wichtigsten Knochen des Armes sind der Rictus, der Nimbus und der Kumulus, manchmal auch der Rheumatismus.»

«Die Hände haben fünf Finger, und die Füße haben fünf Zehen. Auf diese Weise sind die Menschen auf das Dezimalsystem gekommen.»

«Das Beste an den Beinen ist ihre wohlschmeckende Füllung, das Mark.»

«Die Knochen des Menschen sind sehr sinnvoll angebracht. Sie liegen nicht so unordentlich im Körper herum wie die Gräten im Fisch.»

Gehirn und Nervensystem

«Das weiche Gehirn dient den Haaren gleichsam als Humusboden, damit sie kräftig wachsen können.»

«Das Hirn ist der kostbarste Teil des Menschen. Die Haare schützen es vor Kälte, Sonnenstich, harten Gegenständen und anderen Schicksalsschlägen.»

«Im Nervensystem gibt es Knoten, die das Gedächtnis erinnern, woran es denken sollte.»

«Das Rückenmark durchläuft den Körper wie eine Telefonleitung. Hat die Syphilis es erst einmal zerstört, kriegt man keine Verbindung mehr.»

«Nerven gibt es in verschiedenen Ausführungen. Am besten sind natürlich die aus Stahl.»

Der Verdauungsapparat

«Wenn der Mensch ißt, so werden die Lebensmittel befeuchtet, zerteilt und zerdrückt. Schließlich ergreift sie die Zunge und schubst sie in den

Magen, aus dem es keine Wiederkehr gibt. Darum ist der Mensch kein Wiederkehrer wie das Rindvieh.»

«Im Magen stürzen sich die Säfte und Säuren auf die eingedrungenen Lebensmittel. Die Kampfgeräusche nennt man Magenknurren.»

«Die Magensäfte sind eine Absonderung von inneren Düsen. Wenn sie falsch eingestellt sind, muß der Mensch rülpsen.»

«Wenn man sagt, die Liebe geht durch den Magen, so ist das etwas übertrieben. Meistens beschränkt sie sich auf die darunter liegenden Regionen.»

«Der Unterleib umfaßt Leber, Magen, Milz, Eingeweide und die ganze Beckenlandschaft.»

«Das einzig Überflüssige im Menschen ist der Blinddarm oder Wurmfortsatz. Wenn sich zu viele Würmer darin fortgesetzt haben, muß er rausgeschnitten werden.»

«Die Eingeweide heißen so, weil sie die Weide für die Bandwürmer sind.»

«Dickdarm und Dünndarm verhalten sich zueinander wie Dick und Doof. Jeder schiebt dem anderen die Arbeit zu.»

«Die Galle sitzt an der Leber wie ein magnetisches Auge. Wenn sie genug Gift genossen hat, leuchtet sie auf.»

«Der Mensch hat zwei Nieren, aber nur einen Magen. Darum hat man immer mehr Durst als Hunger.»

Der Unterleib

«Der menschliche Leib besteht aus mehreren Teilen, vor allem aber aus dem Unterleib.»

«Die Körpermitte heißt auch Nabel. Dort war in der Kindheit die Leine befestigt, an der die Mutter das Kleine festhielt, bis es von allein stehen konnte.»

«Was unterhalb des Nabels los ist, darüber möchte ich mich nicht äußern. Es spottet jeder Beschreibung.»

«Die geheimnisvollste Gegend des weiblichen Körpers ist die Leibesmitte. Dort gibt es Öffnungen, von denen niemand weiß, wo sie eigentlich hinführen.»

«An den Negerinnen gibt es Teile, wo noch nie ein Weißer hingekommen ist. Das nennt man Tabu.»

«Die Ausscheidungsorgane sind ein notwendiges Übel, denn irgendwo muß der Abfall ja rauskommen.»

«Der gesunde Mensch geht einmal im Tag aufs WC, der kranke gar nicht oder immerzu, je nachdem, wie ihm zumute ist.»

«Muß man sehr oft aufs Klo, so nennt man das Durchfall. Diese Krankheit heißt so, weil je öfter man geht, desto dünner wird man, und dann besteht die ernste Gefahr, daß man durch die Brille fällt. Passiert das wirklich, so gibt es eine Verstopfung.»

Die Sinne

«Es gibt im ganzen sieben Sinne: den Gesichtssinn, den Gehörsinn, den Tastsinn, den Geruchssinn, den Geschmackssinn, den Sinn für Humor, den Orientierungssinn und den Unsinn.»

«Was ein gesundes Ohr ist, das funktioniert Tag und Nacht und läßt mit sich wackeln.»

«Stopft man die Ohren zu, dann hört man sie nicht.»

«Die Ohrmuschel ist wie ein Lautsprecher gebaut, nur umgekehrt.»

«Das Ohrläppchen ist immer kalt. Daran erkennt man, ob der Mensch gesund ist, wie beim Hund die Nase.»

«Das Ohr sagt alles über den Menschen. Darum muß man es immer besonders sauberhalten und nach dem Waschen an der Luft trocknen.»

«Es gibt abstehende und anliegende Ohren, aber das täuscht. Würde man sie abschneiden, wären sie alle gleich.»

«Das Auge besteht aus einem salzigen Gelee.»

«Die Tränen kommen nicht direkt aus den Augen, sondern aus der Zwiebeldrüse.»

«Kurzsichtige Menschen brauchen dicke Gläser, weitsichtige dünne. Für jeden Süchtigen gibt es eine passende Brille, durch die er die Welt sieht, wie sie wirklich ist.»

«Man sagt, das Auge ist der Speichel der Seele, weil es immer ein wenig feucht ist.»

«Über den Augen wachsen die Augenbrauen. Sie dienen als Tropfenfänger für den Schweiß, der von der Stirn herunterläuft und sonst in den Augen brennen würde.»

«Das Schädlichste für die Augen ist die Überanstrengung. Darum ist es am besten, man stirbt, bevor man die Augen für immer schließt.»

Die Haut

«Die Haut umhüllt den Körper und schützt ihn. Nur gegen den Schweiß ist sie machtlos; der findet immer eine Möglichkeit, durchzusickern.»

«Die Haut hält den Schmutz von den Innereien fern. Darum muß eine gute Haut abwaschbar sein.»

«Wenn man sehr aufgeregt ist, wird einem die Haut plötzlich zu eng. Das spürt man im Kopf und am anderen Ende.»

«Das wichtigste Stückchen Haut ist die Zunge. Sie ist dick und rot und hat keine Knochen, denn sonst könnte man ja nicht sprechen. Die Zunge klebt am Rachen fest, das Klebemittel ist der Speichel. Unter der Zunge ist ein rotes Band, das ist wie eine Antenne und telegrafiert an das Gehirn, ob sich gute oder schlechte Speisen im Mund aufhalten.»

«Die menschliche Haut ist sehr lichtempfindlich. Wenn die Sonne darauf scheint, wird sie braun, und wenn man die weiß gebliebenen Stellen anschaut, wird man rot.»

Mund und Zähne

«Im allgemeinen atmet der Mensch durch den Mund, nur wenn man schlechte Zähne hat, atmet man besser durch die Nase.»

«Der Mensch hat zwei Gebisse; eines im Parterre und eines im ersten Stock. Klappt man sie zusammen, so bekommt man keine Luft und muß die Nase zu Hilfe rufen.»

«Die Zähne sind das, was einem weh tut, selbst wenn man ganz gesund ist.»

«Die Weisheitszähne sitzen ganz hinten im Mund und sind, wie schon der Name sagt, ziemlich überflüssig.»

«Je älter der Mensch wird, desto goldener werden seine Zähne.»

«Wenn man durch den Mund einatmet, bleibt die Umweltverschmutzung an den Kiemen hängen.»

«Reißt man den Mund zu weit auf, so besteht die Gefahr der Maul- und Klauensperre.»

«Der Mund ist die einzige Öffnung, mit der der Mensch reden kann.»

«Wenn wir durch den Mund sprechen, so heißt das Mundart. Feine Leute reden darum durch die Nase.»

«Wer viel spricht, muß sich die Zähne besonders gut putzen, sonst kommt giftige Luft in den Rachen und erzeugt die Rachitis, die gewisse Glieder anschwellen und steif werden läßt.»

«Für die Pflege der Zähne benützt man am besten eine elektrische Zahnradbürste.»

«Schlechte Zähne nennt man auch katerös, das kommt vom vielen Saufen.»

Die Atmung

«Vom Mund soll die Luft in die Luftröhre gelangen, das sagt schon der Name. Kommt sie aber aus Versehen in die Speiseröhre, bleibt ihr gar nichts anderes übrig, als durch den hinteren Ausgang wieder hinauszutreten, was möglichst geräuschlos vor sich gehen soll.»

«Die frische Luft kommt in die Lungen. Ist sie verbraucht, so muß man sie an einem stillen Örtchen von sich geben.»

«Eine gesunde Lunge sieht aus wie ein Schwamm. Da aber nur die wenigsten wissen, wie ein Schwamm innen aussieht, wurde der Röntgenapparat erfunden.»

«Beim Menschen heißt die Lunge Lunge, bei den Tieren heißt sie Beuschel oder Haschee. Nur dieses ist genießbar.»

«Kommt ein Wirbelwind bis zur Lunge durch, so stirbt der Mensch an einem Lungenstrudel.»

«Die Lunge atmet für uns ganz automatisch. Damit haben wir also nichts zu tun.»

Herz und Blutkreislauf

«Hätte der Mensch kein Herz, so könnte er kein gesundes Leben führen.»

«Vom Herzen gehen zwei Blutbahnen aus. Die eine ist immer auf Rot geschaltet, die andere auf Grün, so wissen die Blutkörperchen immer, wo sie hinmüssen.»

«Das Herz zerfällt in zwei Kammern: das Oberhaus und das Unterhaus. Die eine Kammer regiert die Beine, die andere die Arme.»

«Die zwei Herzkammern stehen durch den Infarkt miteinander in Verbindung.»

«Die häufigste Todesursache ist ein Herz im Frack.»

«Das Herz arbeitet genau wie eine Pumpe, nur ohne Motor und ohne Schwengel.»

«Wenn das Herz einmal stehenbleibt, hat der Mensch nur noch wenige Tage zu leben.»

«Das Herz heißt nur so, sieht aber ganz anders aus.»

«Wenn das Blut vom Herzen weggeht, strömt es erst in die Parterien hinunter und kommt auf dem Umweg über die Wehen wieder zurück.

Über die Krankheiten

«Die Masern, die hauptsächlich von Kindern heimgesucht werden, zeichnen sich dadurch aus, daß das Fieber oft auf über vierzig Promille ansteigt.»

«Sind Menschen von einer Viruskrankheit befallen, so wird ihnen ein Serum eingespritzt, um sie zu vernichten.»

«Die Ärzte haben zwei Methoden: das Impfen oder die präservative Methode und das Serum oder die lukrative Methode.»

«Nach der Typhusimpfung ist man ein ganzes Jahr unfruchtbar gegenüber den Bakterien.»

«Die Diphtherie ist eine sehr schwierige Krankheit, was man schon an ihrer komplizierten Schreibweise merkt.»

«Menschen, die ansteckende Krankheiten übertragen könnten, müssen rechtzeitig enterbt werden.»

«Ist jemand sehr krank, so darf er keine Kinder bekommen, und man muß ihn senilisieren.»

«Gegen Erbkrankheiten gibt es nur ein einziges sicheres Mittel: die geschlechtliche Enthaltsamkeit der Eltern. Kommt es dann trotzdem zu einer Geburt, so haben sie sich wenigstens nichts vorzuwerfen.»

«In hochgelegenen Alpentälern kommt es am häufigsten zur Unzucht.»

«Inzucht und Kropf treten oft gemeinsam auf, doch weiß niemand, was von den beiden früher da war.»

«In Savoyen gibt es Dörfer, die bestehen nur aus drei Familien. Da braucht man sich nicht zu wundern, wenn die Kröpfe häufiger sind als die Menschen.»

«In den Bergen gibt es so viele alte Menschen, weil, was ein richtiger Hinterwäldler ist, der kriegt seinen Krebs erst nach dem Tod.»

«Auf dem Land sind die häufigsten Krankheiten die Viehseuchen. Für den Menschen sind sie aber völlig ungefährlich, weil nur Bauern von ihnen betroffen werden.»

«Die ansteckendste Krankheit ist der Irrsinn, darum wird jedem Irrenarzt ein Pfleger beigegeben, der merkt dann gleich, wenn es den Doktor gepackt hat.»

«Bei einer Blinddarmentzündung muß Eis auf den Leib gelegt werden, doch ist es besser, man wärmt es vorher an.»

«Hat ein Kind einen Gegenstand verschluckt, so hält man es mit dem Kopf nach unten, bis er herunterfällt.»

«Männer werden in den Oberarm geimpft, Frauen in den Oberschenkel, sonst wäre es den Ärzten zu langweilig.»

«Wenn ein Mensch tot ist, so hält man ihm einen Spiegel vor den Mund. Davon erschrickt er und wird wieder lebendig. Natürlich kann man das bei jedem Menschen nur einmal machen, ein zweites Mal würde er nicht mehr so erschrecken, und dann wäre alles umsonst.»

«Die häufigste Lungenkrankheit ist die Tuberrose.»

«Lebt ein junges Mädchen zu lange ohne Licht und Luft, so kriegt sie erst Bazillen und dann keinen Mann mehr.»

«Die Tuberkulose wird durch den Kochbazillus übertragen. Darum essen viele Menschen nur rohe Speisen, Salate und so.»

«Bei der Behandlung der Tuberkulose wird zuerst die Lunge entfernt.»

«Beri-Beri ist eine Tropenkrankheit, bei der dem Menschen die Zähne ausfallen. Menschen mit künstlichen Gebissen bleiben im allgemeinen davon verschont.»

«Die Lebra ist eine der fürchterlichsten Krankheiten: Der Mensch bekommt überall große Lebraflecken.»

«Immer neue Krankheiten werden von den Ärzten erfunden. Die älteste aber ist der Tod.»

Die Gefahren des Alkohols

«Den Alkoholismus verdanken wir in erster Linie dem Alkohol, aber auch den Promillen im Blut.»

«Das Gefährlichste am Alkoholismus ist, daß er so gut schmeckt.»

«In großen Mengen genossen, macht der Alkohol blind, in kleinen Mengen sieht man nur doppelt.»

«Delirirum ist die Krankheit, die man bekommt, wenn man zuviel Rum trinkt.»

«Alkoholvergiftungen sind oft tödlich, aber bis es so weit kommt, fühlt man sich sauwohl.»

«Betrunken ist man dann, wenn man es nicht mehr merkt.»

Bei einem Katastropheneinsatz eines sozialen Jugendwerks in Südfrankreich wurden die Schüler der Reihe nach gefragt, wer zu benachrichtigen sei, falls ihnen im Laufe der Übung etwas zustoßen sollte. Einer antwortete darauf kurz:

«Wen Sie benachrichtigen sollen? Nun, am besten den Arzt!» Ein anderer, ebenso entschlossen: «Natürlich die Presse!»

Ein Warschauer Freund hat mir einige polnische Stilblüten aus einem Aufsatzwettbewerb übersetzt, dessen Thema «Der Arzt als Helfer der Menschheit» lautete. Ich gebe sie hier wieder, unter anderem, um zu beweisen, daß die polnischen Knilche ihren westlichen Kollegen in nichts nachstehen:

«Es gibt auch unehrliche Ärzte. Diese verabreichen den Patienten Medikamente, obwohl sie wissen, daß der Kranke doch eines Tages sterben wird.»

«Wenn die Ärzte eine Medizin verordnen, so schreiben sie absichtlich unleserlich; dann können sie nachher immer noch sagen, sie hätten etwas anderes gemeint.»

«Ärzte und Schwestern gehen immer weiß gekleidet, damit man die Bazillen gleich sieht und zerquetschen kann.»

«Krankenschwestern müssen jung und kräftig sein, damit sie männliche Patienten im Bett festhalten können.»

«Beim Arzt muß man immer lange warten. Da sitzt man dann in einem engen Wartezimmer und wird von allen Bazillen angehustet. Auf diese Weise sterben die Patienten nicht aus.»

«Als hier in Warschau die große Grippewelle war, da waren alle Menschen krank, nur die Ärzte waren gesund. Wie sie das machen, sagen sie aber niemandem, sonst hätten sie nichts mehr zu tun.»

Kehren wir nach Frankreich zurück, wo Schüler etwa desselben Alters, in den unteren Klassen der Mittelschulen, einen Besuch beim Arzt folgendermaßen schildern:

«Der Doktor nimmt den Hörapparat, drückt ihn einem an die Brust, dann an den Rücken und schließlich auf den Bauch und sagt schließlich: ‹Es sind die Mandeln!›»

«Beim Arzt muß man den Mund immer ganz weit aufmachen, damit er sehen kann, was im Magen los ist.»

«Wenn ich groß bin, möchte ich Arzt werden, denn da bekommt man ein Schild für den Wagen und darf überall parken, so lange man will.»

«Beim Arzt muß man lange warten, denn es dauert lange, bis der Herr Doktor sich für jeden Patienten eine Krankheit ausgedacht hat.»

«Arzt zu sein ist ein prima Beruf: Man schneidet den Leuten den Bauch auf, und dann sieht man schon, was ihnen eigentlich fehlt.»

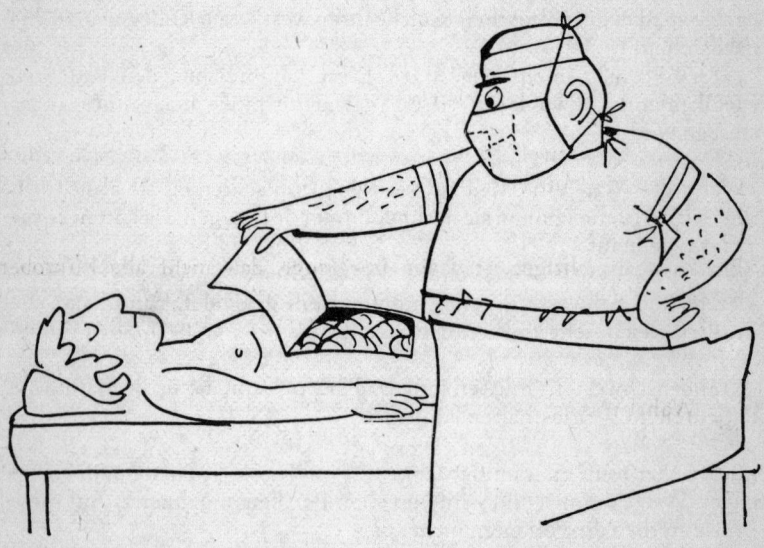

«Alle Ärzte fürchten sich vor mir. Wenn ich untersucht werde, muß immer die ganze Familie dabei sein, sonst beiße ich den Doktor in den Finger. Wenn meine große Schwester untersucht wird, schickt er immer alle aus dem Zimmer.»

«Am unangenehmsten ist das Thermometer. Statt es einem einfach in die Hand zu drücken, rammt es einem der Doktor in eine Öffnung, die zu ganz anderen Zwecken da ist.»

«Als ich das letzte Mal krank war, hat mir der Arzt Kompressoren verordnet.»

«Meine Schwester muß krank sein, aber sie sagt es niemandem, sondern nimmt heimlich jeden Tag eine Pille.»

Zu den kindlichen Erfahrungen aus der Sprechstunde gehört wohl auch jene Frage, die der kleine Denis sichtlich schockiert an seine Mutter richtete, nachdem er seinen Vater beim *Playboy*-Lesen erwischt hat:
«Mama . . . Papa ist doch kein Arzt, oder?»
«Nein, Papa ist Bauingenieur.»
«Bauingenieur?» wiederholt Denis nachdenklich. «Warum sieht er sich dann immer die Bilder von Damen an, die sich eben für den Arzt bereitgemacht haben?»

Auf die Frage, wie man sich vor Krankheiten, besonders vor ansteckenden, schützen kann, kamen folgende Antworten:
«Die beste Vorsorge gegen ansteckende Krankheiten besteht darin, sie nicht zu bekommen, oder aber während der Schulzeit.»

«Bei einer Grippewellle gehe ich niemals tanzen, denn das macht einen sinnlich, und dann verschluckt man eine Menge Mikroben, ohne darauf zu achten.»

Ein Achtzehnjähriger ist davon überzeugt, daß nicht alle Mikroben schädlich sind:
«Die bösen Mikroben, das sind die roten Blutkörperchen, die guten sind die weißen.»

Der Wahrheit näher kommt ein Elfjähriger, der offenbar edlen Käse zu schätzen weiß:
«Es gibt gute und böse Bakterien. Die guten leben im Gorgonzola, die bösen ziehen den Menschen als Wohnsitz vor.»

Ein anderer bezeichnet den Mikroben-Wohnsitz genauer:
«Bei den Mikroben handelt es sich um winzige Lebewesen, die vor allem im Darm herumkrabbeln. Sie werden bis zu acht Meter lang und vermehren sich schneller als der Mensch.»

«Die französische Bevölkerung nimmt an Zahl jedes Jahr zu, denn die Menschen werden jetzt älter als früher. Das kommt von den Bazillen, die durch die Impfungen vom Aussterben bedroht sind.»

«Um Wasser keimfrei zu machen, läßt man es gemeinsam mit den Bakterien bei 90 Grad aufkochen.»

«Eine Mikrobe ist dasselbe wie eine Bazille, nur viel kleiner. Man kann sie nur im Mikroboskop erkennen.»

«Das Gefährlichste bei allen Krankheiten sind die sogenannten Komplikationen. Unter ihnen ist die häufigste der Tod.»

«Um eine Wunde zu reinigen, nimmt man sie mit einer Pinzette und wirft sie in kochendes Wasser.»

Um zu zeigen, daß sie sich in der Medizin auskennen, bedienen sich die Knilche gern der lateinischen Fachausdrücke. Daß sie dabei den richtigen treffen, ist freilich Glückssache:
    «Ein guter Arzt denkt Tag und Nacht an seine Patiencen.»

«Viele Ärzte finden es heutzutage anstrengend, ihre Patienten im Bett zu besuchen. Sie ziehen das ambulante Gewerbe vor.»

«Bei Interjektionen muß man unbedingt eine desinteressierte Nadel nehmen, sonst kommt es zu einer Epilepsis.»

«Hat ein Verletzter sehr viel Blut verloren, so schreitet der Arzt zu einer Transplantation.»

Aufklärung

Im Mai 1968 schrieb ich, daß die Sexualerziehung und vor allem der Sexualkunde-Unterricht in den Schulen sehr zu wünschen übrigließen und daß in dieser Hinsicht Frankreich gegenüber anderen Kulturnationen einen Rückstand von mindestens fünf Jahren aufzuholen habe. Inzwischen haben sich die Verhältnisse etwas gebessert, der Rückstand scheint mir nur noch etwa zwei Jahre zu betragen, und ich konnte mich davon überzeugen, daß die Schüler bisweilen schon vom achten Lebensjahr an die Möglichkeiten haben, am Aufklärungsunterricht teilzunehmen. Leider mangelt es noch sehr an entsprechend geschultem Lehrpersonal, und darum glaube ich, daß ein Gutteil der folgenden Blüten und Perlen nicht nur den Knilchen anzulasten ist, sondern auch der sexuellen Ahnungslosigkeit mancher Junglehrer und -lehrerinnen:
    «Erst im Zeitalter der Aufklärung erfuhr die Menschheit, wie die Sache funktioniert. Vorher hatte man es einfach für eine Schweinerei gehalten.»

«Um sich zu verheiraten, muß man möglichst von irgendeinem anderen Geschlecht sein.»

«Die Geburtenkontrolle gibt die Zahl der Geburten pro Stundenkilometer an.»

«Die Geschlechtsteile sind die Organe für das Leben zu zweit.»

«Durch die Zeugung wird der Mensch auf die Stufe jener Tiere herabgedrückt, deren Fortpflanzung sich so ähnlich abspielt.»

«Früher war der Geschlechtsakt etwas sehr Peinliches. Heute macht er direkt Spaß.»

«Schwangere Mütter müssen viel Spinat essen, vor allem aber Gegrilltes von der Hebamme.»

«Für den unbeteiligten Vater ist das Kinderkriegen etwas sehr Schönes.»

«Muttermilch braucht man nicht abzukochen, sie darf roh genossen werden.»

«Man muß das zu stillende Kind daran gewöhnen, daß es von beiden Brüsten zugleich trinkt.»

«Beim Stillen des Kindes erübrigt es sich, Zucker in die Milch zu tun.»

«Moderne Ehepaare teilen sich die Mühe des Stillens. Die ersten sechs Monate übernimmt jedoch immer die Mutter.»

«Die Entwöhnung ist gleichbedeutend mit der Flaschenabfüllung.»

«Ein Baby, das seine Mutter stillt, ist viel schöner als eines, das gestillt wird.»

«Die Jugendkriminalität fängt schon beim Kleinstkind an und ist eine gefährliche Krankheit, die von den Atomstrahlen kommt.»

«Bis zum sechzehnten Lebensjahr wachsen die Kinder zehn Zentimeter im Monat, später nur noch fünf Zentimeter.»

Lebenskunde

Eine Leserin schrieb zum allgemeinen Problem der Lebensvorbereitung im Unterricht: «Als ich meine erste Stellung als Junglehrerin antrat, hatte ich den Kopf voll von unnützen Kenntnissen, genoß aber den

Vorzug, daß die kleine Gemeinde, in der ich unterrichtete, mir eine Dienstwohnung zur Verfügung stellte. Nachdem ich einige Monate so recht und schlecht vor mich hingelebt hatte, sagte mir eines Tages eine Nachbarin: ‹Es geht mich ja nichts an, Mademoiselle, aber wenn Sie den Fliesenboden in Ihrer Küche je wieder sauber bekommen wollen, sollten Sie sich beizeiten mit der Bürste darüber hermachen.› Das war ein gutgemeinter Rat, und ich wußte nun wenigstens, daß man für die Fliesen eine Bodenbürste brauchte. Aber ich hatte noch keine Ahnung, in welche Flüssigkeit diese Bürste zu tauchen sei, welche Zusätze man in das Waschwasser hineingeben mußte usw. Hingegen konnte ich stundenlang über Karl den Großen, aber auch über Julius Cäsar, Plutarch und andere längst verstorbene Leute reden.»

Dieser Vorspruch soll darauf vorbereiten, daß es ein Minimum ist, was Knilche und Knilchinnen (wenn diese Neubildung gestattet ist) so an Lebenskunde und praktischem Wissen aus der Schule mit nach Hause nehmen. Die nachfolgenden Perlen verdanke ich den Haushaltsheften von Schülerinnen, die zwischen dem fünfzehnten und dem zwanzigsten Lebensjahr standen, also unter Umständen schon Mütter sein konnten:

«Zu einer modernen Küche gehört in erster Linie ein großer Tisch, auf dem die Köchin sich mit ihren Kochbüchern ausbreiten kann.»

«Zum Gemüseputzen nimmt man am besten Benzin oder irgendein anderes Öl.»

«Damit der Salat keine Bakterien mehr enthält, wäscht man ihn am besten in Salzsäure.»

«Will man Wolle waschen, so muß man vor allem vermeiden, sie ins Wasser zu legen.»

«Zum Geschirrspülen nimmt man am besten verkalktes Wasser.»

«Reinigen heißt soviel wie saubermachen, ohne daß dabei etwas kaputtgeht.»

«Wenn man nicht immerzu saubermacht, verfaulen zuerst die Möbel und dann die Fußböden und schließlich das ganze Haus, so daß es am Ende aussieht wie in einem Museum.»

«Zum Waschen braucht man Hygiene. Sauberkeit allein genügt nicht.»

«Die Hygiäne ist ein Unrat fressendes Tier und daher besonders nützlich.»

Dieser unplanmäßige Abstecher ins Reich der Tiere scheint mir die geeignete Überleitung zu einem speziellen Lieblingsthema der Knilche zu sein . . . Man könnte es nennen *Über den Umgang mit Tieren* oder einfach: *

* Siehe Seite 27.

Knilchs Tierleben

Vor einigen Jahren hatten die Schüler einer Mittelschule auf der Insel Madagaskar bei der Abschlußprüfung unter anderem das Thema «Ein Tier erinnert sich» zu behandeln, das Zeugnis von der naturverbundenen Lebensweise der Madagassen ablegen sollte. Vorher hatte der Lehrer mit den Schülern über das Verhalten der Tiere, den Lebensrhythmus in der Tierwelt und anderes gesprochen. Die Aufsätze selbst schlossen sich allerdings weniger an die naturkundlichen Fakten als an die märchenhaften Vorstellungen von sprechenden Tieren, ja von vermenschlichten Tieren überhaupt an, wie sie im ganzen afrikanischen Sagengut immer wiederkehren.

Ein Schüler ließ seinen altgewordenen Hund nachdenklich sagen: «Als ich jung war, heulte ich oft wie ein Schloßhund.»

Bei einem anderen meditiert ein alter Ochse: «Nun bin ich alt und schwach und würde doch so gern in einer Blechdose als Corned-Beef um die Welt reisen.»

Wieder ein anderer, offenbar ein besonders realistisch eingestellter Tierfreund, schrieb entrüstet:

«Tiere reden nicht – oder zumindest nur sehr selten. Man kann nicht menschliche Laster einfach auf die vernünftige Kreatur übertragen.»

Die Grenze zwischen Tier und Mensch verwischte sich bei einigen, denen die Tiere offensichtlich besonders ans Herz gewachsen sind:

«Hunde und Katzen muß man besonders gern haben. Es sind schließlich Tiere wie wir alle.»

«Ein kleiner Hund schlief auf dem Gehsteig und hatte dabei die Händchen auf der Brust gefaltet.»

«Der Hund war tot, aber treu wie er war, bellte er innerlich noch immer.»

«Der Hund aus der Nachbarschaft bellte. Mein Vater blieb ihm jedoch nichts schuldig.»

«Ich liebe die Katzen, die mit ihren großen grünen Augen die Mäuse fangen.»

«Da der Goldfisch nicht taub war, sah er die Katze leise auf sich zukommen.»

«Ich sah eine Spinne, wie sie eben im Begriff war, eine Fliege in ihr Nylonnetz zu zerren.»

«Der Walfisch kam mit Riesenschritten näher . . .»

«Das Pferd folgte langsam dem Kutscher, dessen Nüstern große Dampfwolken ausstießen.»

«Er führte sein Pferd zum Trinken und zum Händewaschen.»

«Lautlos wie auf Katzenpfoten näherte sich die Schlange.»

Da die Tiere auch im klassischen Altertum und in der späteren Weltpolitik eine gewisse Rolle spielen, müssen sich die Gymnasiasten selbst im Geschichtsunterricht mit ihnen herumschlagen, und dabei verwirren sich zoologische und historische Vorstellungen auf die seltsamste Weise:
   «Diomedes wurde von den Pferden des Herkules verschlungen, die dieser ausschließlich mit Hafer zu füttern pflegte. Das war eben eine zu einseitige Ernährung.»

«Der Cerberus ist eigentlich kein Tier, sondern mehr so eine Art Wachtmeister mit Schwanz.»

«Die Hydra hatte viele Köpfe, darum nennt man die Metallköpfe, aus denen das Löschwasser kommt, heute noch Hydranten.»

«Die Hydra war eine Mischung aus Tier und Mensch. Vom Menschen hatte sie ihre sieben Köpfe.»

«Mit dem kaledonischen Eber war das so: Ein Mann war in Kaledonien gefangen wie Papillon, konnte sich aber retten und lief der Göttin Diana in die Quere, als sie gerade nichts anhatte. Zur Strafe wurde er in einen Eber verwandelt, das war immerhin besser als zurück nach Kaledonien!»

«Als der Walfisch den Jonas verschlungen hatte, verschlang er auch noch sein Schreibpult, damit der Prophet sich nicht alles auswendig merken mußte.»

«In das Trojanische Pferd durften nur Männer hinein. Frauen hätten mit ihrem ewigen Geschnatter alles verraten.»

«Als die schöne Helena sah, was für starke Männer aus dem Pferdebauch heraussprangen, da leistete sie keinen Widerstand, sondern gab sich ihnen hin.»

«Das Trojanische Pferd war eigentlich ganz so wie ein Citroën 2 CV: Innen größer als außen, sehr wirtschaftlich, und den Berg hinauf nach Troja mußte man es schieben.»

«Das Trojanische Pferd war außen ein Tier und innen ein Hubschrauber.»

«Als Herakles den Rinderstall des Königs Augias reinigen mußte, erfand er blitzschnell die Wasserspülung. Soviel ich weiß, hat sie sich aber bei den Bauern nicht durchgesetzt.»

«Der Gott Zeus verwandelte sich oft in ein Tier, aber die hübschen Mädchen ließen sich davon nicht abschrecken, sondern sprangen auf ihm herum.»

Es gibt aber auch Schüler, denen schon die simplen tierischen Hausgenossen Geheimnisse zu bergen scheinen oder in dem Augenblick zu rätselhaften Wesen werden, da der Lehrer verlangt, daß der Schüler sich ein paar Sätze über sie abringt:
«Daß die Katze ein Raubtier ist, zeigt sich unter anderem an den beiden Hauern, die ihr links und rechts aus dem Maul stehen.»

«Der Sinn, der beim Hund am stärksten entwickelt ist, ist das Beinheben.»

«Die Katze gehört zur Gruppe der Milchfresser.»

«Das Schwein frißt alles, was ihm der Mensch vorsetzt. Es ist also ein richtiger Menschenfresser.»

«Wie Buffon es sehr richtig gesagt hat: Nach dem Menschen ist das Pferd das vornehmste Tier.»

«Die Kuh wird vom Bauern sehr vielseitig benützt, zum Beispiel wirft sie ein Kalb im Jahr.»

«Mit ihrer Milch stellt die Kuh Schlagsahne her.»

«Die Kuh ist wie der Mensch ein warmblütiges Tier, also das Gegenteil von der Klapperschlange. Sie hat vier Beine, zwei vorne, zwei hinten, zwei links und zwei rechts. Sie sind so lang, daß sie bis auf den Boden reichen, im Gegensatz zu Schwanz und Euter.»

«Die Kuh hat zwei Hörner und einen ziemlich gewöhnlichen Mund. Sie ist ein Tier, das auf beiden Seiten von fleckiger Haut umgeben ist.»

«Es gibt Ochsen, die keine Kälber mehr werfen können, sondern nur noch Corned-Beef. Die Milch eines Ochsen, der immerzu an der Sonne lebt, ist besonders reich an Vitamin D und so dunkelbraun, daß man sie Ochsenschwanzsuppe nennt.»

«Früher waren die Kühe sehr wichtig, heute sind sie weitgehend entbehrlich, weil es genug Dosenmilch gibt.»

«Das Kaninchen ist ein Springtier wie der Floh, denn es hat zwei Vorder- und zwei Hinterfüße.»

«Der Stoffwechsel des Lammes besteht nur aus Wolle.»

«Die Ziege ist das einzige bekannte weibliche Wesen, das einen Spitzbart trägt.»

«Seidenraupen spinnen die Seide so fein, daß man sie als Kunstseide verkaufen kann.»

«Die Vögel erweisen dem Obstanbau einen wichtigen Dienst, indem sie die Maden aus den Kirschen fressen.»

«Der Auerhahn gehört zur großen Familie der Hahnreie.»

«Die Vipern sind Eierleger. Aus Furcht vor beutelustigen Feinden brüten sie diese Eier aber wie der Mensch gleich im Mutterleib aus.»

«Die Nattern legen Vierminuten-Eier, so weich sind sie.»

«Es gibt zwei nützliche Insekten auf dem Lande: die Bienen und die Mormonen.»

«Der Biene verdanken wir die Marmelade.»

«Der Körper der Wespen läßt sich durch zwei teilen.»

«Die Schnecken gehören zu den höheren Kriechtieren. Sie verfügen über ein Eigenheim und eine Fernsehantenne.»

«Wenn die Schnecken vom Laufen müde sind, ziehen sie sich in ihre Garage zurück und tanken erst mal auf.»

«Der Maulwurf hebt mit seinen Vorderpfoten lange Tunnelgänge aus; mit den Hinterpfoten geht er inzwischen spazieren.»

«Sind die Tiere dann in Konserven verpackt, so kommen sie alle ins Konservatorium, damit sie frisch bleiben.»

«Der Aal ist der einzige Fisch, der imstande ist, einen Fuß an Land zu setzen.»

«Der Seehund nährt sich von Fischen, ist aber ziemlich faul: Er sperrt unter Wasser nur den Rachen auf, und der Fisch schwimmt hinein.»

Und zum Abschluß dieser zoologischen Blüten die Beobachtung eines kindlichen Satirikers:
«Über die Affen ist vor allem zu sagen, daß sie uns am ähnlichsten sind. Kein Wunder, daß wir über sie auch am meisten lachen müssen.»

Das ist in ihrer tiefgründigen Weisheit schon keine Fehlleistung mehr, sondern in doppeltem Sinne ein echter Afforismus.

Knilche machen Geschichte

Auf einen schriftlich zu beantwortenden Fragebogen, in dem sehr viele Jahreszahlen verlangt wurden, setzte ein raffinierter Knilch die Bemerkung: «Vgl. Geschichtsbuch für die zweite Klasse», eine Lösung, vor der ich einen gewissen Respekt habe, da der junge Mann es als eine Art Wehrdienstverweigerer in Sachen Geschichte unter seiner Würde gefunden hatte, Jahreszahlen zu büffeln. Dabei kannte er gewiß jenen Satz von Chamfort nicht, in dem dieser bekannte Vielwisser von sich sagt:

«Was immer ich gelernt habe, habe ich inzwischen vergessen. Das wenige, was ich noch weiß, habe ich erraten.»

Ein Vierzehnjähriger schrieb mir: «Ich finde es ausgesprochen stupid, daß man uns mit Dingen plagt, die sich vor tausend oder zweitausend Jahren zugetragen haben, während wir, bis wir zum Militär müssen, wahrscheinlich noch immer nicht das geringste über den Ersten, Zweiten und dritten Weltkrieg gelernt haben.»

Das sind eben die Früchte des traditionellen Lehrplans und der herkömmlichen Ansicht, man müsse im Geschichtsunterricht unbedingt bei Adam und Eva anfangen. Daß diese frühen Zeiten sehr viel schwerer zu verstehen sind und das liebevolle Ausmalen ferner Epochen das Geschichtsverständnis der Schüler durchaus nicht fördert, beweisen ihre zahlreichen historischen Irrtümer.

Man verstehe mich nicht falsch: Ich bin ein leidenschaftlicher Anhänger der Beschäftigung mit der Geschichte, aber ich habe etwas dagegen, daß Schüler die Regierungszeiten aller Monarchen auswendig wissen sollen, aber keine Ahnung haben, was damals die Bauern aßen; daß sie jede Königstochter und jede dynastische Heirat im Gedächtnis haben sollen, aber außerstande sind, sich über ein paar wirtschaftliche Maßnahmen früherer Zeiten zu äußern. Und darum sammle ich in diesem Kapitel historische und pseudohistorische Perlen aus purer Schadenfreude über das Durcheinander, das allzuviel Anekdotenerzählen, Nationalstolz und «Datenverarbeitung» in Schülerhirnen anzurichten vermag.

Eines Tages erzählte mir mein Sohn, als ich ihn fragte, was er heute in der Schule gelernt habe:

«Wir haben gelernt, daß es Karl der Große war, der uns die Schule eingebrockt hat. Da gab es eine Zeit, da hatten die Bauern nichts zu tun, muß wohl im Winter gewesen sein. Um sie zu beschäftigen, brachte man ihnen so allerlei bei, und dann kam der 28. Januar 814. Karl der Große starb, und niemand wagte, seine Anordnung rückgängig zu machen, obwohl es Frühjahr wurde und die Bauern wieder richtige Arbeit hatten. Und darum blieb uns die Schule erhalten. Was sagst du jetzt?»

Ich sagte natürlich, daß ich den Entschluß unseres Charlemagne, seine Untertanen etwas lernen zu lassen, sehr vernünftig finde, und es sei in der Tat ein wahres Wunder, daß die meisten Landesväter auch heute noch diese Entscheidung respektieren. «Wäre ihm nicht die Idee mit der Schule gekommen», erklärte ich, «dann lebten wir noch immer wie die Cromagnons.»

«. . . wie die Cromagnons?» Mein Sohn tippte auf einen wilden Indianerstamm.

Ich sagte: «Unsinn! Das waren die ersten primitiven Menschen, die einst an dieser Stelle hier lebten.»

Ein paar Tage danach fand der Junge ein altes Hufeisen in unserem Garten.

«Wo kommt denn das her?» fragte ihn meine Frau.

«Das stammt wohl noch von den Cromagnons, die vor uns hier wohnten. Die waren so primitiv, daß sie noch mit dem Pferdewagen fuhren.»

Das war der Auftakt zu einer neuen Sammlung von Knilch-Kommentaren zu unserer glorreichen Geschichte, und diesmal wollte ich mit einem Streifzug durch die Frühgeschichte der Menschheit beginnen:

«Die ersten Menschen lebten in Frankreich. Ihre Begeisterung darüber verrieten sie in bunten Kritzeleien in den Höhlen von Lascaux.»

«Die Vormenschen malten so realistisch, daß die Höhlen von Lascaux schleunigst wieder geschlossen werden mußten.»

«In den Höhlen finden sich noch heute Spuren, die darauf hindeuten, daß dort Höhlenbären und Eiszeitmenschen miteinander lebten und sich paarten.»

«Der Cromagnon-Mensch unterschied sich vom modernen Homo sapiens durch kräftigeren Körperbau und größere Natürlichkeit. Das wurde ihm schließlich zum Verhängnis.»

«Links vom Rhein lebten die Cromagnon-Menschen, rechts vom Rhein aber die Neandertaler. An dieser Rolle des Rheins hat sich bis heute nichts geändert.»

«Im alten Europa gab es eine schlanke, hochbegabte Rasse, das waren die Cromagnons, und eine untersetzte, primitive mit Augenbrauenwülsten, das waren die Neandertaler. Welche von beiden überlebte, wissen wir nicht genau.»

«Die ersten Menschen gruben sich ihre Wohnlöcher mit ungemein historischen Werkzeugen.»

«Die zwei Hauptabschnitte der Vorgeschichte sind die Periode der umhertrampenden Nomaden und die Periode der Einheimischen oder Sittsamen.»

«Die primitiven ersten Menschen lebten 100 000, ja 200 000 und 300 000 Jahre . . .»

«Bei den vorgeschichtlichen Menschen herrschte das Mutterrecht, das heißt, die Väter hatten schon damals so wenig zu sagen wie heute.»

«Die Erde war leer, die Menschen hatten volle Bewegungsfreiheit, aber sie konnten damit wenig anfangen, denn es gab nicht eine einzige Stadt, in der sie sich hätten amüsieren können, nur Natur, nichts als Natur.»

«In ihrem Zusammenleben bevorzugten die ersten Menschen die auch heute wieder beliebte Kommune oder Großfamilie. Daraus ergab sich für die Männer auch die Notwendigkeit, Bärte zu tragen und sich nicht zu kämmen. Die Mädchen hielten etwas mehr auf sich. Sie trugen schicke Leopardenfelle und Pelzbikinis aus ausgestorbenen Tieren.»

«Zur Zeit der Gallier gab es in Frankreich schon bedeutende steinerne Denkmäler, die Menhire, die Obelisken und die Basilisken.»

«Die Römer errichteten in Gallien viele Städte und schmückten ihre Mauern mit den Köpfen der Barbaren.»

«Vercingetorix führte die Gaullisten zum Sieg gegen Cäsar.»

«Ein Pfeil durchstieß das Herz von Vercingetorix, tat diesem jedoch nichts, weil er nicht vergiftet gewesen war.»

«Die Hunnen gingen untenherum unbekleidet, um besser reiten zu können. Darum trugen ihre Pferde obenherum auch keine Sättel.»

«Die Hunnen nahmen sich nicht die Zeit zu kochen, sondern ritten so lange auf den Steaks, bis diese weich waren.» (Wobei wir aus hygienischen Gründen hoffen möchten, daß nicht *beide* Behauptungen, die wir eben lasen, zutrafen, sondern höchstens die eine *oder* die andere.)

«Hunnen und Germanen waren Barbaren, aber die Germanen benahmen sich meistens etwas besser.»

«In der Schlacht auf den Katalaunischen Feldern kämpften auf der einen Seite die Hunnen, auf der anderen Seite die Gallier. Die Goten halfen bald hier, bald dort mit.»

«Das schwerste Los hatten im Mittelalter die Gallierinnen zu tragen: Kaum hatten sich die Römer verabschiedet, kamen die Hunnen ins Land, und diesen wiederum folgten die Germanen. Dadurch kamen die Mädchen nie dazu, einen anständigen Franzosen zu heiraten.»

«Das französische Volk ist aus einer sehr langwierigen Mischung hervorgegangen, an der sich die verschiedensten Männer beteiligten. Die Frauen allerdings blieben immer dieselben.»

«Unter den alten Merowingern herrschten in Frankreich Sitten wie in Chicago, nur daß es noch niemanden gab, der die Schießereien filmte.»

«Die wichtigsten Dynastien im alten Frankreich waren die Merowinger, die Karmeliter und die Jesuiter.»

«Karl Martell stoppte die arabische Injektion bei Poitiers. Zur Feier dieses Sieges wurde eine berühmte Cognacmarke nach ihm benannt.»

«Karl Martell besiegte die Truppen der Vereinigten Arabischen Republik . . .»

«Karl der Große wurde von 768 bis 814 geboren. Seine Kaiserkrönung fand während einer runden Jahreszahl statt: 800.»

«Karl der Große interessierte sich sehr für die Bildung der Choleriker, denn irgend jemand mußte ja Lateinisch können.»

«Karl der Große sprach am liebsten lateinisch, denn diese Sprache beherrschte er nicht.»

«Um weder seine deutschen noch seine französischen Untertanen zu kränken, sprach Karl der Große mit ihnen fließend arabisch.»

«Der Islam entsprang mitten in der Wüste wie seinerzeit der Berg Sinai.»

«Mohammed floh vor den Mohammedanern aus Mekka.»

«In den Moscheen wird aus dem Kormoran vorgelesen.»

«Den Hauptanteil aus den Kreuzzügen hatten die Franzosen, weil die französischen Ritter sich am wenigsten aus ihren Frauen machten.»

«Während die französischen Ritter in den Orient zogen, eroberten sich die erotischen arabischen Lieder den ganzen Süden Frankreichs. Diese Rache der Unterlegenen nannte man den Minnesang. Er wurde von reisenden Schlagersängern verbreitet, die von Haus zu Haus ihre Hits vortrugen.»

«Als die Ritter aus dem Orient heimkehrten, brachten sie ihren Frauen die schönsten Kleider mit, zum Teil aus wunderbaren Kunststoffen.»

«Die meisten Kreuzfahrer starben elend an unanständigen Seuchen, nur Ludwig der Heilige überlebte sie.»

«Im Mittelalter hatten die Feudalherren nichts zu tun und ließen es durch andere machen.»

«Die Burgen besaßen nur einen einzigen Eingang, aber viele Ausgänge. In dem Wassergraben rund um die Burg tummelten sich gierige Krokodile und Nixen.»

«Die Könige von Frankreich hatten die Kraft, durch bloßes Handauflegen die schreckliche Lepra zu heilen. Sie taten es aber nicht, weil sie sonst selbst leprakrank geworden wären, und wo hätten sie dann so schnell einen anderen König hergenommen, der ihnen die Hand auflegte?»

«Wenn jemand den König beleidigte, so wurde er für den Rest seines Lebens zum Tode verurteilt.»

«Die Inquisition wütete am schlimmsten in Spanien. Zu den Hinrichtungen strömten die Menschen von allen Seiten herbei, was dem Fremdenverkehr einen beträchtlichen Aufschwung gab.» (Diese Überlegung ist insofern richtig, als sich ja auch die heutigen Spanientouristen durch die Franco-Diktatur keineswegs von Spanienreisen abhalten lassen.)

«Vor einem Turnier warf eine schöne Dame einen Handschuh auf den Boden, und die Ritter balgten sich darum. Das brachte sie in die richtige Stimmung.»

«Der Sieger aus dem Turnier durfte einer schönen Frau seinen Kopf in den Schoß legen. Den spitzen Helm mußte er natürlich vorher abnehmen, um der Dame nicht in den Unterleib zu dringen.»

«Die Mönche übten eine sehr segensreiche Tätigkeit aus. Sie erlernten statt der Ritter das Lesen und Schreiben, was für die Adligen zu beschwerlich gewesen wäre. Dafür gab der Adel den Mönchen seine Töchter in Pflege, was diese sehr zu schätzen wußten.»

«In den Klosterschulen lernten die Findelkinder das Spitzenklöppeln, ein sehr schwieriges Handwerk, bei dem sehr viele dieser Kinder das Augenlicht für immer verloren. Die Barmherzigkeit der Nonnen aber war so groß, daß sie auch die blinden weiterklöppeln ließen.»

«Zelter hieß das Roß, das stets das Zelt tragen mußte, wenn der König zum Picknick ausritt.»

«An den Hofjagden nahmen auch Damen in zweckdienlicher Kleidung teil, denn sie gerieten dabei mit ihren Kavalieren leicht ins Schwitzen.»

«Der König von England unterhielt eine weibliche Geheimverbindung zum französischen Hof.»

«Der sogenannte Hundertjährige Krieg währte nicht nur hundert Jahre, sondern ein ganzes Jahrhundert.»

Die berühmteste und auch für die Jugend anziehendste Figur des Hundertjährigen Krieges ist Jeanne d'Arc. Dazu erzählte mir ein Lehrer aus der Umgebung von Caen, daß am Tag, nachdem er in der Klasse über die Jungfrau von Orleans gesprochen hatte, ein kleiner Junge zu ihm kam, kein Musterschüler, eher einer, der sich nicht viel aus dem Unterricht machte. Diesmal aber war er begeistert und sprudelte hervor:
«Herr Lehrer, die Geschichte mit der Jungfrau von Orleans, die Sie uns gestern erzählt haben . . . ich habe Mama gefragt: daß es Jungfrauen gibt, ist tatsächlich wahr! Das finde ich prima!!!»

Ein anderer, der offensichtlich nicht so aufmerksam zugehört hatte, schrieb in sein Aufsatzheft:
«Jeanne d'Arc wurde in Doremi geboren und hatte mehrere geheime Rendezvous, die sie dazu veranlaßten, eine ewige Jungfrau zu werden.»

«Die Stimmen hatten zu Jeanne d'Arc gesagt, sie solle sich um die Soldaten kümmern, und das tat sie denn auch.»

«Jeanne d'Arc wurde als Ketzerin verbrannt, weil sie dem Herrn Bischof nicht zu Willen gewesen war.»

Diese erstaunliche Erkenntnis bedeutet nicht etwa, daß unser Knilch eine neue Deutung der Vorgänge in Rouen vorlegen will. Ihm ist nur so feierlich zumute gewesen, daß er sich in eine stehende Wendung flüchtete, deren Sinn er nicht ganz erfaßt hatte. Was heißt schon *zu Willen sein* für einen Zwölfjährigen?

«Jeanne d'Arc wurde bei Compiègne gefangengenommen, nach Luxemburg verkauft und von den Beneluxländern an England ausgeliefert.»

«Die Heiligsprechung der Jungfrau von Orleans dauerte an die fünfhundert Jahre, weil es einem Papst nun einmal schwerfällt, eine Ketzerin heiligzusprechen, auch wenn sie noch so sehr Jungfrau gewesen ist.»

«Die großen französischen Heiligen aus Lothringen sind Jeanne d'Arc und Charles de Gaulle.»

«Jeanne d'Arc mußte aus Lothringen kommen, denn in anderen Teilen Frankreichs hätte man keine entsprechende Jungfrau gefunden.»

«General de Gaulle hat den Engländern den Hundertjährigen Krieg und die Verbrennung der Jungfrau von Orleans nie verziehen und sie darum auch nicht in die EWG hereingelassen. Wer weiß, was sie da wieder angestellt hätten!»

Wir sehen, der unbefriedigende Ausgang des Krieges für Frankreich spukt in den Hirnen der Dreikäsehochs ganz schön herum. Sie machen sich ihre Gedanken, sie erkennen aus der Geschichte, daß England und Frankreich durch ein Jahrtausend Kontrahenten waren, sie stellen Charles de Gaulle neben Jeanne d'Arc, was immerhin – man mag dazu stehen, wie man will – ein gewisses Maß an Geschichtsbewußtsein verrät und beweist, daß auch Kinder bereits ein Gefühl für das Außergewöhnliche, für die Sendung eines Politikers oder einer geschichtlichen Persönlichkeit haben. Unsicherer sind sie bei der Beurteilung der «Lage der Nation» während der Renaissance und der Glaubenskriege. Aber wer will es ihnen verübeln, wenn sie, sobald sich Religion, Politik und geistige Bestrebungen gar zu sehr ineinander verheddern, Vergleiche mit Horrorfilmszenen und Pop-Festivals wagen?

«Nach einigen Wochen begann auf dem Konstanzer Konzil eine Reihe großer Festlichkeiten. Die erste war die Verbrennung des Ketzers Hus.»

«In Konstanz trafen so viele Geistliche zusammen, daß die Stadt gar nicht genug Doppelbetten zur Verfügung stellen konnte.»

«Der Papst erließ einen Bullen gegen Luther, der sich vor ihm auf eine Burg flüchtete und dort erst mal abwartete. Daher nannte man sie die Wartburg, und er wagte sich erst wieder unter die Leute, nachdem sich über dem Bullen die Wogen geglättet hatten.»

«In der Bartholomäusnacht plätscherte das Blut fröhlich durch die Gassen von Paris.»

«In der Bartholomäusnacht trieben so viele Leichen auf der Seine durch die Straßen von Paris, daß es der Polizei nicht möglich war, alle Morde aufzuklären.»

«Die Bartholomäusnacht war eine der längsten, die Paris je erlebt hatte, sie dauerte drei Tage.»

«Damals lebten so berühmte Künstler wie Leopard da Vinci und Mickey Lange. Der letztere trat vor allem mit der Sixtinischen Kapelle auf.»

Die großen Stars der Renaissance sind für die Fans von heute offenbar längst passé. Da ist, meinen sie, inzwischen Besseres auf dem Schlagermarkt. Dagegen sind die Abenteuergeschichten der ersten Entdeckungsreisenden und der Konquistadoren noch immer *up to date*:

«Wenn man auf die Karte des Stillen Ozeans blickt, mit ihren vielen Inseln, dann sieht man erst, was für ein großer Seemann Magellan war: Von den Marquesas-Inseln im Osten kommend, steuerte er sicher zwischen all den atomverseuchten Atollen hindurch, bis er zu den unschädlichen Philippinen gelangte.»

«Fernando Magellan umschiffte das ganze Universum, um sich an dessen Ende, auf den Philippinen, ermorden zu lassen.»

«Bevor er Kapitän wurde, handelte Christoph Kolumbus mit Eiern, von denen man heute noch spricht.»

«Kolumbus stammte von jüdischen Eltern, die aus Spanien nach Genua ausgewandert waren. Wäre er ein Italiener gewesen wie alle anderen, so hätte er Amerika gewiß Amerika sein lassen.»

«Wo Amerika lag, erkannte Kolumbus, indem er lange auf ein Ei starrte. Er hatte es vor sich aufgestellt wie eine Wahrsagerin ihre Kristallkugel.» (Woraus man ersehen kann, daß die vielen älteren Damen, die sich in Paris als Seherinnen und Kartenlegerinnen durchbringen, doch etwas für die Bildung der Jugend tun. Nur ein kleiner Pariser konnte auf diese Deutung der Parabel vom Ei des Kolumbus kommen.)

«Kolumbus entdeckte Amerika auf der Tour de France.»

«Da man wußte, daß die Erde rund ist und Amerika noch nicht existierte, entschloß Kolumbus sich, in entgegengesetzter Richtung zu fahren, und wählte den westlichen Kurs.»

«Zum Glück fand Kolumbus nicht Asien, sondern Amerika, sonst wären die USA heute von lauter Chinesen bevölkert.»

«Hätte Kolumbus nicht seine Rute nach Süden abgeknickt, er wäre geradewegs auf Cap Canaveral gestoßen, wo damals noch wenig los war.»

«Die ahnungsvolle Kursschwankung des Kolumbus ersparte es den Vereinigten Staaten noch eine Weile, entdeckt zu werden.»

«So geriet Kolumbus in die Inselwelt des Karibischen Meeres. Dort fand er zu seiner Verwunderung keine richtigen Amerikaner, sondern rotbraune Menschen, die sich Indianer nannten und sich ganz gern entdekken ließen.» (Damit hat jener Dreizehnjährige beinahe einen unsterblichen Witz wiederholt, den er nicht kennen kann, weil Peter Rosegger in französischen Schulen nicht gelesen wird: «Bist du der Kolumbus?» – «Ja, der bin ich!» – «Ui, freut's euch, Leutln, jetzt sind wir entdeckt!»)

«Kolumbus weigerte sich, ganz um Kuba herumzusegeln, sonst wäre er draufgekommen, daß Kuba eine Insel ist.»

«Kolumbus starb, ohne je die Vereinigten Staaten betreten zu haben. Er wurde in Columbus-lex-deux-Églises beigesetzt.»

«Kolumbus blieb bis zu seinem Tod überzeugt, er habe nicht Amerika entdeckt, sondern Asien. Davon konnte ihn auch die Columbia-Universität, die ihm zu Ehren gegründet wurde, nicht abbringen.»

«Kolumbus fing auf seinen Reisen Indianerpärchen ein und brachte sie an Bord seiner Schiffe nach Europa. Da die Überfahrt viele Wochen dauerte, kam es unterwegs zu ausgiebiger Vermehrung.»

«Kolumbus brauchte sechs Wochen, um Amerika zu erreichen, obwohl er eine Caravelle benützte.»

«Kolumbus ist sehr zu bedauern, denn es ist doch ein schweres Schicksal, das reichste Land der Welt zu entdecken und es nicht zu merken.»

«Die große Leistung des Seefahrers Kolumbus bestand darin, daß er, ohne Amerika zu kennen, unbewußt auf die Stelle zusteuerte, wo der Panamakanal liegt. Aber er hat ihn nicht entdeckt.»

«Die Konditoren lieferten den Inkas und den Pasteten heldenhafte Kämpfe.»

«Es war ein großes Glück, daß die Spanier Mexiko eroberten, denn die alten aztekischen Namen der Städte und der Götter sind für Franzosen einfach unaussprechbar.»

«Im großen Palast des Kaisers Montezuma gab es geheime Schatzkammern, die man zugemauert hatte, ehe die Schätze hineinkamen. So geheim waren sie.»

«Mexiko war eine Lagunenstadt. Hinein kam man über Dämme und Brücken, hinaus aber überhaupt nicht mehr.»

«Als Cortez mit seinen Spaniern unter großen Verlusten aus Mexiko herausgelangt war, traf er auf einen spanischen Hauptmann mit frischen Truppen und fragte ihn, warum er nicht in den Kampf eingegriffen habe. Der Hauptmann antwortete: ‹Ich wollte Ihren Ruhm nicht schmälern, General.› Darauf bekam Cortez einen Wutanfall, daß ihm Kopf und Kragen platzten.»

«Cortez hatte eine wunderschöne indianische Dolmetscherin, die hieß Santa Maria. Sie war schon mit zwei spanischen Offizieren verheiratet, gebar ihren Sohn aber nur für Cortez, der ihn abortierte und zum Haupterben einsetzte.»

«Diese Marina war eine so schöne und kluge Frau, daß niemand auf den Gedanken kam, sie zum Christentum zu bekehren.»

«Im Gegensatz zu dem vornehmen und gebildeten Cortez hatte Pizarro in seiner Jugend Schweine gehütet und ebensolche Geschwister.»

«Die Inkas empfingen ihre Kinder von der Sonne, was dadurch erleichtert wurde, daß dort die Berge sehr hoch sind.»

«Auf der Suche nach Gold drangen die Spanier tief in den südamerikanischen Urwald ein und hätten nie wieder herausgefunden, wenn ihnen nicht die gelehrten Jesuitenpatres den Pfad der Tugend gezeigt hätten.»

«Mitten in Südamerika gründeten die Jesuiten einen eigenen Staat, in dem es so friedlich zuging, daß die Nachbarstaaten sogleich über ihn herfielen.»

«Als die Indianer von den Spaniern genug hatten, begannen sie, sich mit ihnen zu vermischen.»

«Ein Kind von einem Spanier und einem Indianer heißt Moskito.»

«Hat ein Weißer mit einer Indianerin ein Kind, so muß er es auf den Namen Mestize taufen.»

«Die Mulattinnen sind oft so schön, damit sie die Weißen besser in Versuchung führen können. Ihre Kinder sind danach wieder ein wenig weißer.»

«In den Großstädten des heutigen Südamerika wimmelt es von Mestizen, Mulatten und anderen mißlungenen Weißen.»

«Anstelle des einstigen Südamerika entstanden viele selbständige Staaten sowie Brasilien.»

«Bevor die spanischen Kolonien von ihrem Mutterland abfielen, konnte Karl V. sich als mächtigster Mann der Erde fühlen. Der Fünfte hieß er, weil er von allen Schätzen aus den Kolonien ein Fünftel für sich verlangte.» (Da spukte wohl «Mr. Fünf Prozent» durch ein Schülergehirn.)

«Im Reich der Habsburger ging damals die Sonne nicht unter, deshalb aber auch nicht auf.» (Um diese Formulierung hätten den kleinen André aus Amiens, dessen Name hiermit in die Annalen der Geschichte eingeht, gewiß ganze Generationen von Historikern beneidet!)

Das große Thema der französischen Schule ist noch immer – wie könnte es auch anders sein – *le grand siècle*, das siebzehnte Jahrhundert, in dem Ludwig XIV. und sein Versailles alle anderen europäischen Höfe überstrahlte und auch Frankreichs materielle und militärische Machtfülle nur in dem nach den Siegen über die Türken erstarkten Österreich einen Rivalen hatte. Also wollen wir unsere Knilche einmal über den Sonnenkönig befragen, dessen Leben reichlich Stoff zu den frappierendsten Äußerungen bietet:

«Ludwig XIV. zählte erst fünf Jahre, als sein Enkel starb.»

«Kardinal Mazarin war ein vielbeschäftigter Mann, aber er fand doch Zeit, mit Anna von Österreich Ludwig XIV. hervorzubringen.»

«Über die Entstehung Ludwigs XIV. weiß man nichts Genaues, da sein Vater, Ludwig XIII., sich offenbar nicht an ihr beteiligt hat.»

«Mit viel List schaffte es Mazarin, Ludwig XIII. für einige Stunden im gleichen Schlafzimmer wie seine Frau, Anna von Österreich, unterzubringen. Diese acht Stunden in einem Landgasthof haben der historischen Forschung Arbeit für Jahrhunderte gegeben, denn ohne sie stünde es fest, daß Ludwig XIV. nicht der Sohn Ludwigs XIII. sein kann. So sorgte die Kirche zu allen Zeiten für eine einwandfreie Erbfolge.» (Aus einer Proseminararbeit der Sorbonne.)

«Ludwig XIV. erbaute eine ganze Reihe herrlicher Gebäude. Eines der schönsten war das Haus Österreich.»

«Die Menschen, die am Hof lebten, nannte man Hofierer.»

«Ludwig XIV. ließ an seinen Höflingen Etiketten anbringen, um sie voneinander unterscheiden zu können.»

«In seinen großen Parks veranstaltete Ludwig XIV. Treib- und Damenjagden.»

«Wenn eine Mätresse ausgedient hatte, wurde sie von ihrer Nachfolgerin umgebracht, die Kinder aber wurden Abbés.»

«Die Schwarzen Messen hießen so, weil sie im Finstern stattfanden.»

«Als Knabe durfte Ludwig XIV. mit den Nichten des Kardinals Mazarin spielen, aber nur bis zu einem gewissen Grad.»

«Mazarin hatte viele hübsche Nichten, dem König aber überließ er nur zwei von ihnen, die übrigen sparte er sich für andere Gelegenheiten auf.»

«Beim Bau des Schlosses von Versailles kamen ebenso viele Menschen ums Leben wie beim Bau der Transsibirischen Eisenbahn. Während diese jedoch noch immer fährt, rührt sich Versailles seit vielen Jahren nicht mehr vom Fleck.»

«Auf einem Feldzug erkrankte Ludwig XIV. schwer. Seine Ärzte hätten ihm den Rest gegeben, hätte nicht eine seiner Mätressen alle Ärzte hinausgeworfen und Ludwig mit Kompressen und Massagen wieder gesund gemacht. Daraus sieht man, daß Liebe doch die beste Medizin ist, auch für Könige.» (Niederschrift einer Kindergärtnerin auf einem Lehrgang in Rennes.)

«Nach seinem langen und an Ausschweifungen reichen Leben wollte der Sonnenkönig etwas Gutes tun und verstieß deshalb die Frauen, die er geliebt hatte.»

«Um sich selbst für sein Lasterleben zu bestrafen, wählte sich Ludwig XIV. als letzte Mätresse eine prüde Katholikin namens Madame de Maintenon. Sie bereitete ihm schon auf Erden das, was er später im Fegefeuer zu genießen hatte.»

«Ludwig XIV. heiratete Madame de Maintenon heimlich, damit niemand sehen konnte, wie häßlich sie war.»

«Ludwig XIV. hatte einen Bruder, der bei Hofe einfach nur Monsieur genannt wurde. Er benahm sich aber eher so, als wäre er eine Madame.»

«Sohn und Enkel Ludwigs XIV. wurden von den Pocken hinweggerafft, so mußte der greise Monarch in einem Alter, da andere längst in Frieden ruhen, noch einmal darangehen, Nachkommen zu zeugen.»

Wir wissen, daß dieses schwere Los dem Sonnenkönig denn doch erspart blieb, es gab schließlich noch einen Dauphin, und zwar den Urenkel, an den man sich noch eben rechtzeitig erinnerte. Aber es spricht für das Mitgefühl der Realschülerin aus Lyon, daß sie Ludwig XIV. so aufrichtig bedauert: Marlborough, den Prinzen Eugen, die Maintenon am Hals und nun auch noch für Nachkommenschaft sorgen! Was zuviel ist, ist zuviel, dann doch lieber ein paar Jahre *Régence*, jene Phase der französischen Geschichte, die in den Schulen so gern übersprungen wird, weil die größten Schurken damals die Kardinäle waren:

«Ludwig XIV. hatte den letzten Atemzug noch nicht ausgestoßen, als schon sein Neffe, Philipp von Orléans, zum sittenlosen Regenten ausgerufen wurde.»

«Der böse Geist des Regenten war der Kardinal Dubois, ein Priester, der es nicht geschafft hatte, ein sittenloses Leben zu führen.»

«Der Regent war ein schöner und kluger Mann, aber er machte nur von ersterem Gebrauch.»

Und weil wir gerade beim Stichwort «Klugheit» sind:

«Die berühmte Enzyklopädie hatte zwei Väter und zwei Großmütter. Die Väter waren d'Alembert und Diderot, die Großmütter Katharina II., die Geld schickte, und schließlich Madame de Tencin, die im Kloster d'Alembert zur Welt brachte.»

«Madame de Tencin war die klügste Frau der Epoche, was schon daraus hervorgeht, daß ein simpler Gardeoffizier ihr genügte, um das Genie d'Alembert zu gebären.» (Aus einer Proseminararbeit der Universität von Aix-en-Provence.)

«Ludwig XV. wuchs so langsam heran, daß er niemals an einem der berüchtigtsten Soupers des Regenten teilnehmen konnte, denn diese waren natürlich mit dem strengsten Jugendverbot belegt.»

«Die lebenslänglich zur Galeere Verurteilten saßen ihre Strafe meist nicht ab, weil sie den Anstrengungen schon vorher erlagen.»

«Man nannte das achtzehnte Jahrhundert das Jahrhundert des Lichts, weil es das elektrische Licht noch nicht gab und nur der Verstand leuchtete.»

«Voltaire hat die Spannung erfunden. Zum Dank messen wir sie seitdem in Volt.»

Spannung! Das ist es, worauf die Knilche in der Weltgeschichte gewartet haben. Nun ist es endlich soweit: Robespierre, der erste «Monsieur 100 000 Volt», tritt auf, und sogleich fliegen die Fetzen, rollen die Köpfe. Das ist eine Show nach dem Geschmack der Beatfans und Rocker. Daß ausgerechnet am Ende des sogenannten Jahrhunderts des Lichts im Heimatland der Vernunft die grausamste Revolution der europäischen Geschichte ausbricht, scheint kein Kind unserer Zeit mehr nachdenklich zu stimmen. Die Hauptsache ist, daß die Guillotine funktioniert, diese erste «vollautomatisch arbeitende Apparatur», wie ein Knilch bewundernd hervorhebt.

«Von allen Maschinen, die im achtzehnten Jahrhundert erfunden wurden, funktionierte keine so gut wie die Guillotine.»

«Ein Beweis für das folgerichtige Denken der großen Revolutionäre Danton, Marat, Robespierre und anderer läßt sich darin erblicken, daß sie zuerst die Guillotine konstruieren ließen, bevor sie im großen Stil mit der Säuberung Frankreichs begannen.»

«Die Revolutionsgeschichte lehrt uns, daß der Wasserstand der Loire damals viel höher gewesen sein muß als heute: Heute gibt es jedes Jahr nur einige wenige Wochen, in denen es möglich wäre, so viele Menschen in der Loire zu ersäufen, wie Carrier damals in die Loire werfen ließ.» (Der Gemütsmensch, der dies schrieb, war immerhin achtzehn Jahre alt und bereitete sich auf den Besuch der Universität vor.)

«Am schlimmsten verfuhr der Pöbel mit der Prinzessin von Lamballe: Sie wurde auf offener Straße entkleidet und ihrer Männlichkeit beraubt.»

«Am 21. Januar 1793 wurde Ludwig XVI. hingerichtet. Eine der ersten Folgen dieser Aktion war sein Tod.»

«Charlotte Corday war ein schönes, stilles Mädchen aus der französischen Provinz, und Marat war für sie eine Art Antichrist. Also versteckte sie sich in Marats Allerheiligstem, in seinem Badezimmer, und ertränkte ihn im heißen Seifenwasser. So machte sie sich die Hände an diesem Gottlosen nicht schmutzig.» (Niederschrift einer vierzehnjährigen Klosterschülerin.)

«Die französischen Adligen zeigten eine gefaßte Haltung. In den Gefängnissen veranstalteten die zum Tode Verurteilten Bälle, und wenn ihre Köpfe dann in den Korb fielen, streckten sie dem Henker noch die Zunge heraus.»

«Der Beginn der Französischen Revolution ist leicht zu merken, denn die Erstürmung der Bastille fiel auf den französischen Nationalfeiertag.»

«Später wurde die Bastille unter vielen Mühen dem Erdboden gleichgemacht, damit man immer wisse, wo sie gestanden habe.»

«Eine der Haupterrungenschaften der Französischen Revolution ist das Kinderarbeitsverbot vom achten Lebensjahr an.»

«Der Französischen Revolution verdanken wir die Einführung des Muttertages. Bis dahin hatte niemand gewußt, was eine Mutter ist.»

«Es war das Vorrecht des Königs, die Guillotine als erster auszuprobieren und sein erhabenes Haupt in den bereitgestellten Korb fallen zu lassen.»

«Die Absetzung von Robespierre löste allgemeine Zufriedenheit aus: Nun konnten die Pariser sicher sein, erst nach ihrer Aburteilung guillotiniert zu werden.»

«Zur Zeit der Französischen Revolution wurden auf der Guillotine mehr Menschen hingerichtet als geboren. Als die Schreckensherrschaft vorbei war, kamen dann wieder mehr Neugeborene zur Welt als Geköpfte.»

Ich fürchte, mit diesem tröstlichen Gedanken müssen wir uns von der für unsere Zwecke so ergiebigen Guillotine endgültig losreißen.

Krösus erfand das Geld . . .

. . . und mit dieser Erfindung ist er sagenhaft reich geworden. Obwohl das Geld seither überhaupt nicht verbessert wurde, wird es heute noch vielfach verwendet.

Pfandbrief und Kommunalobligation

Meistgekaufte deutsche Wertpapiere - hoher Zinsertrag - schon ab 100 DM bei allen Banken und Sparkassen

Verbriefte Sicherheit

Fortschritt auf der ganzen Linie

Das war nun fast schon ein wenig zuviel Geschichte, finden Sie nicht auch? Die Knilche fanden es ganz bestimmt, darum sind sie großzügig mit ihr umgegangen und haben so ein liebenswürdiges Durcheinander angerichtet. Fortschrittliche Lehrer (auch die gibt es) halten sich darum mit der Geschichte nur noch insoweit auf, als es notwendig ist, um den Fortschritt deutlich zu machen. Sie senden praktisch ein Kontrastprogramm und sagen dann mit dem Brustton der Überzeugung: Nun seht ihr, so herrlich weit haben wir's gebracht! Indessen sind nicht alle Knilche der Meinung, daß diese Fortschritte begrüßenswert seien, und sie äußern klar oder weniger klar, mit bösen Zungen oder vorsichtig kritisierend, ihre jugendliche Ansicht über das Phänomen Fortschritt, über das soziale und technische Leben, über den Alltag, den sie oft gar nicht mögen, und über das, was sie von all dem nicht so ganz verstehen:

«In früheren Zeiten war der Arbeiter an seinen Chef gefesselt und konnte sich nicht von ihm befreien. Das änderte sich erst, als die Zahl der Beschäftigten so stieg, daß man sie nicht mehr alle an einen einzigen Chef fesseln konnte, und das führte zur Gründung der Gewerkschaften.»

«Meine Großeltern waren noch so arm, daß es nicht einmal zur täglichen Notdurft reichte. Heute können wir uns das zweimal leisten!»

«Die Arbeiter blieben so arm, weil sie viel mehr Kinder in die Welt setzten als der impotente Adel.»

«Die Hauptschwierigkeit bei der Erziehung der Arbeiterkinder bestand darin, daß sie kleine Proletarier waren.»

«Die Schulen für Arbeiterkinder kamen spät, weil die Eltern ihre Kinder lieber in die Fabriken zum Arbeiten schickten. Erst als durch die Maschinen endlich eine gewisse Arbeitslosigkeit eingetreten war, hatten die Grundschulen mehr Zulauf.» (Die schaurige Logik der Ahnungslosen. Mademoiselle wird zweifellos bei dieser Ansicht bleiben, denn sie schrieb diese Zeilen in einem sehr vornehmen Internat in der Westschweiz.)

«Die Industrie ist von Jahrhundert zu Jahrhundert immer wandlungsfähiger geworden und daher heute imstande, den Schienenweg in Wasserstraßen und Luftverkehrslinien zu verwandeln.»

«Hat ein Arbeiter sich bis zum Vorarbeiter vorgearbeitet, dann weiß er vor Arbeit gar nicht mehr, was ein Vorarbeiter nach der Arbeit so im allgemeinen tut.»

«Die meisten Arbeiter sind sehr arm, denn die Gewerkschaften haben die Arbeitszeit so sehr heruntergedrückt, daß heute niemand mehr so richtig verdient.»

«Ich möchte kein Arbeiter werden, denn dann kommen die langen Abende und das freie Wochenende, eine Menge Freizeit, mit der man nichts anfangen kann mangels Kies.» (Der kleine Philosoph schrieb tatsächlich *fric*, er hatte sich für diesen Aufsatz völlig in die Lage und in die Sprache der Arbeiterschaft hineinversetzen wollen.)

«Einer der Hauptfortschritte unserer Zivilisation ist darin zu erblicken, daß wir bekleidet umhergehen und nicht mehr behaart.»

«In Frankreich leben heute so wenige Analphabeten, daß es sich nicht mehr lohnt, eigens für sie Bücher zu drucken.»

«Die Nation, die den größten Fortschritt zu verzeichnen hat, sind die Deutschen. Denn während wir Franzosen uns von den Cromagnon-Menschen nicht nennenswert unterscheiden, gibt es heute nur noch wenige Deutsche, die wie Neandertaler aussehen.»

«Der Fortschritt ist eine feine Sache, denn wenn es den nicht gäbe, würden wir eines Tages aufwachen, und statt der Waschmaschine stünde ein altes Waschbrett neben dem Kühlschrank.»

In einer Schule der alten Stadt Poitiers wurde in einem Aufsatz gefragt, welche Erfindung für den Fortschritt der Menschheit die größte Bedeutung erlangt habe. Der Lehrer erklärte, daß man im Grunde wohl nicht einer einzigen Erfindung oder Entdeckung den Vorrang vor allen anderen geben könne, daß es vielmehr auf das Zusammenwirken aller am Fortschritt beteiligten Kräfte ankomme, er wolle aber doch sehen, welche Einzelleistung seine Schüler als besonders wichtig heraushöben und wolle die Begründung dafür wissen. Sie sollten nur nicht ängstlich sein, sondern forsch an die Sache herangehen. Das Thema interessierte auch mich, und ich danke hiermit dem aufgeschlossenen Lehrer aus dem Poitou für die Freundlichkeit, mir einen Blick in die Hefte dieser Klasse gestattet zu haben:

«Ich halte das Flugzeug für die wichtigste Erfindung. Man wüßte doch bis heute gar nicht, wie groß Frankreich ist, wenn man es nicht von hoch oben betrachten könnte.»

«Es gibt natürlich sehr viele Erfindungen, aber eine ist bestimmt die wichtigste: die Apotheke. Denn was hätten kranke Menschen von allen anderen Errungenschaften?»

«Die wichtigsten Erfindungen der Menschheit wurden nicht im neunzehnten und nicht im zwanzigsten Jahrhundert gemacht, sondern ganz am Anfang. Da war zum Beispiel das Wasser . . .»

«Die wichtigste Erfindung ist das Feuer. Die Marathonläufer trugen es mit ihrer Fackel von der Antike bis in die Gegenwart.»

«Eine Erfindung gibt es, ohne die die meisten von uns heute nicht am Leben wären: die Erfindung der Fortpflanzung.»

«Sieht man von all den natürlichen Dingen ab, die der Mensch sich erarbeiten mußte, um über die ersten hunderttausend Jahre hinwegzukommen, dann war vielleicht der Hausbau die wichtigste Erfindung, denn mit dem Haus wurde der Mensch seßhaft, verlor die Lust am Gammeln und begann schließlich aus Langeweile sogar zu arbeiten.»

«Die wichtigste Erfindung kann ich nicht nennen, es sind einfach zu viele. Aber ich weiß die unwichtigste: die Schule.»

Ja, so sind sie, die lieben Kleinen. Wenn man sie auffordert, nicht ängstlich zu sein, dann schütten sie gern den Knilch mit dem Bade aus. Dabei bin ich sicher, daß der Junge, der diesen forschen Satz hinschrieb, gewiß nicht der dümmste in der Klasse ist und, wenn man seinen Lebensweg verfolgen würde, eines Tages eine durchaus zufriedenstellende Karriere nachweisen könnte. Er mochte bloß die Schule nicht, aber das galt zum Beispiel in höchstem Maße auch für Churchill, und, was die Offiziersakademie betrifft, auch für Charles de Gaulle, von dem sein Ausbilder verzweifelt sagte: «Was, zum Teufel, soll ich mit einem Mann anfangen, der sich schon als Fähnrich für den Marschall von Frankreich hält?»

Und da wir gerade bei den hohen Militärs sind, möchte ich – in einem Land, in dem die Marschälle sogar in die Académie Française einziehen – von einem General erzählen, der ein Knilch war, ein Knilch mit weißen Haaren und Monokel.

Die Prinzessin Bibesco hielt eines Abends einen Vortrag über Karl XII. und Voltaire. Am Eingang in den Saal trat ein alter Offizier ordengeschmückt auf eine ihm bekannte Dame zu und sagte:

«Das Programm und die Plakate weisen alle denselben ärgerlichen Irrtum auf, und man sollte es den Veranstaltern eigentlich sagen: Da steht überall Karl XII. Ich habe in meiner *Geschichte Frankreichs* hin und her geblättert, sie reicht nicht weiter als bis zu Karl X. Danach scheint es keinen Karl mehr gegeben zu haben. Entweder ist mein Geschichtsbuch unbrauchbar, oder aber die Veranstalter haben sich geirrt.»

«Der Karl, um den es sich hier handelt, *mon Général*», antwortete Madame, «war König von Schweden und nicht von Frankreich. Es liegt demnach kein Irrtum von seiten der Veranstalter vor.»

«Also kein Franzose! Dann bin ich beruhigt», meinte aufatmend der Offizier, «ich fürchtete schon, ich müßte auf meine alten Tage noch etwas dazulernen.» Er machte kehrt und verließ den Saal.

Um etwas über Karl XII., den Schwedenkönig, zu erfahren, dessen Lebensgeschichte Voltaire geschrieben hat, braucht man sich tatsächlich kein neues französisches Geschichtsbuch zuzulegen, wohl aber wird in künftigen Geschichtswerken der *Grande Nation* ein anderes Ereignis verzeichnet sein: der Aufruhr der Studenten im Jahre 1968. Der Eindruck, den diese größte französische Volkserhebung seit der Großen Revolution auf die Schüler gemacht hat, ist noch schwer absehbar, und ich möchte die Vorgänge jener Maitage absolut nicht verharmlosen, wenn ich nun die wenigen mir bekannten kindlichen und schülerhaften Äußerungen dazu hier anführe, bunt und auf gut Glück, wie sie mir eben aus den verschiedenen Milieus zuflogen:

«Der Boulevard Saint-Michel ist schwarz von Menschen», sagte ein

Reporter in seinem Lagebericht. Der kleinen Eve gab das zu denken. Sie sah die besorgten Gesichter von Mama und Großmutter, drückte sich an ihre Mutter und meinte vorwurfsvoll:

«Und du hast mir immer gesagt, vor Negern braucht man keine Angst zu haben!»

Nach der ersten Barrikadennacht, einer Nacht, in der alle Pariser die Berichte im Radio und im Fernsehen verfolgt hatten, wandte sich ein kleiner Junge schlaftrunken an seinen erregt mit den Nachbarn diskutierenden Vater: «Na, Papa, du hast wohl wieder einen Molotow-Cocktail zuviel getrunken!»

Die vierjährige Lola hatte noch keine rechte Vorstellung vom Kalender und beharrte gegenüber ihrer Mutter eigensinnig:

«Ich will, daß das Christkind mir ein Dreirad bringt!»

«Es ist doch noch gar nicht Weihnachten, Lola. Weihnachten ist viel später!»

«Weihnachten ist viel später? Daran sind nur die langhaarigen Studenten schuld!»

Im Juni 1968 ging dann der warme Regen der wohltönenden Wahlreden auf uns nieder, und ich entsinne mich noch genau einer Fernsehansprache von Mitterand, in der er jeden Gedankengang mit den Worten: *Supposons que* (Nehmen wir einmal an, daß . . .) einleitete. Meine kleine Nichte Marie-Céline hörte sich das eine Weile an, dann zog sie mich bei der Hand vom Fernsehapparat weg und sagte:

«Laß ihn doch, Onkel, dieser Herr mit seinem ewigen *supposons*, der ist . . . der ist ein richtiges Suspensorium» – wozu man allerdings sagen muß, daß die Kleine als Arzttochter einen sehr spezifischen Wortschatz hatte, bei dem uns bisweilen die Haare zu Berg standen.

Als in Frankreich sich alles beruhigt hatte, fuhr ich nach Frankfurt am Main zur Buchmesse und traf dort auch Kollegen und Journalisten aus meiner Heimat.

«Haben Sie sich einmal überlegt, Monsieur», sagte mir ein in Paris lebender ungarischer Journalist, «daß die Studenten von 1968 die Knilche von 1962 sind? Aus Ihrem Buch jenes Jahres, aus Ihren Büchern haben diese jungen Leute die Unzulänglichkeit der französischen Schule und des französischen Unterrichtsbetriebes schwarz auf weiß kennengelernt. Sie also sind der Hauptverantwortliche für die Mai-Unruhen dieses Jahres!»

Tief aufgewühlt, ja verstört, suchte ich Cohn-Bendit auf, der in jenem Herbst ebenfalls in Frankfurt weilte, ging es doch darum, dem farbigen Dichter und Politiker Senghor den Friedenspreis des Deutschen Buchhandels zu versalzen. Cohn-Bendit beruhigte mich mit der Versicherung, daß er *Die Knilche von der letzten Bank* niemals gelesen habe. Gleich darauf wurde er allerdings eingesperrt, was ihm vielleicht Gelegenheit gegeben hat, diese Bildungslücke zu schließen.

Die Petroleumlampe brennt noch immer

Als mein Sohn Jérôme im achten Schuljahr war, erzählte er mir eines Tages von dem, was er in der Physikstunde gelernt hatte. Sie werden es nicht glauben wollen: Gegenstand des Unterrichts war die Petroleumlampe gewesen.

Denn 1965 stand, wie schon 1865, für diesen Jahrgang die Petroleumlampe auf dem Lehrplan, und heute, da ich dieses Buch schreibe, steht sie gewiß noch immer drauf. Von der Elektrizität erfährt man erst als Primaner etwas. Dabei müßte es eigentlich schon für einen kleinen Jungen von acht oder zehn Jahren an der Zeit sein zu erfahren, was passiert, wenn er zwei stromführende elektrische Drähte mit den blanken Enden zusammenhält.

Wenn dann irgendwann in der Oberstufe der Gymnasien die Elektrizität doch noch in den Lehrplänen auftaucht, treten Myriaden von schwer ausrottbaren Irrtümern zutage und formieren sich zu einem ganzen Triumphzug von Stilblüten und Denkperlen:

«Die thermometrische Energie wird durch den Wind in Bewegung gesetzt. Er bringt das Wasser in Wallung, und so entsteht Elektrizität.»

«Wenn elektrische Apparate schlecht instand gehalten werden, laufen die Bewohner eines Hauses mannigfache Gefahren. Die größte unter ihnen, die alljährlich viele Opfer fordert, ist der Tod.»

Ein Schüler in Nancy wurde gefragt, was ein Watt sei. Antwort: «Keine Ahnung, ich habe Englisch nicht belegt!»

Mancher andere weiß ebensowenig, drückt sich aber zumindest diplomatischer aus:

«James Watt sah eines Tages, als er sich seinen Kaffee zubereitete, die Dämpfe, die aus seiner Kaffeekanne drangen. Da setzte er sie auf Räder und hatte damit die erste Lokomotive gebaut.»

«Die Experimente mit der Dampfmaschine beweisen, daß die Wissenschaft ein wunderschöner Zeitvertreib ist.»

«Die Elektrolyse ist die Sterilisierung des elektrischen Stroms.»

«Benjamin Franklin stellte als erster Elektrizität her. Da es damals in den meisten Häusern noch keinen Strom gab, benutzte er dazu den Blitzableiter.»

«Ein Blitzableiter dient dazu, die schädliche Elektrizität abzuleiten.»

«Zu den Freuden des Campings gehört die elektrische Beleuchtung aus der Gasflasche.»

«Ein Mikroskop ist ein so kleines Ding, daß man es gar nicht unterscheiden kann.»

«Die Physik ist eine Wissenschaft, die zur Chemie wird, wenn es anfängt zu stinken und Explosionsgefahr besteht.»

«Die Schwerkraft ist das Gewicht, mit dem der Himmel auf der Erde ruht.»

«Die Waage ist eine Schüssel, mit der man die Kilogramme abwiegt.»

«Es gibt zwei Sorten von krummen Spiegeln: die Konvikte und die Konklaven. In beiden gibt es was zu lachen, wenn man reinschaut.»

«Die Zentralheizung ist vollkommen ungefährlich; man kann sich keine Gasvergiftung dabei holen, und man kann auch nicht ertrinken, obwohl sie Wasser enthält.»

«Um die Geschwindigkeit eines Fahrzeugs zu ermitteln, muß man den Umfang eines Rades mit der Anzahl der Kilometer multiplizieren, die man zurückzulegen gedenkt.»

«Für die Schiffahrt sind die Konsumwinde von Bedeutung. Sie blasen mit vereinten Kräften so lange in eine bestimmte Richtung, bis alle Schiffe den Ozean überquert haben.»

«Marie Curie entdeckte das Radio und seine Aktivität.»

«Jeder Körper, den man in eine Flüssigkeit taucht, wiegt so viel wie das Wasser, das sie ringsherum übrigläßt.»

Über das Archimedische Prinzip belauschte ich das folgende Gespräch zwischen zwei Schülerinnen:
«Sag mal, Andrée – warum rief Archimedes eigentlich ‹Heureka›, als er in der Badewanne saß und soeben sein Prinzip entdeckt hatte?»
«Ist doch klar: seine Frau, die schöne Heureka, sollte ihm Papier und Bleistift bringen, damit er die Sache aufschreiben konnte, bevor er sie wieder vergaß.»
Ein belgischer Schüler, der die Aufgabe hatte, das Archimedische Prinzip zu erklären, schrieb in sein Heft:
«Dies zu erklären ist ohne eine Badewanne nicht möglich.»

Nach der Schulstunde, in der von der Entdeckung des Sauerstoffs im Jahre 1774 die Rede gewesen war, trat ein Schüler auf den Lehrer zu und erkundigte sich:
«Gestatten Sie eine Frage, Monsieur . . . Wenn der Sauerstoff erst vor zweihundert Jahren entdeckt wurde, wie haben es denn die Leute bis dahin angestellt zu atmen?»

Wenige Dinge haben die Phantasie der Schüler so angeregt wie das Wasser und sein Verhalten. Obwohl man meinen sollte, daß es allen einigermaßen vertraut ist, finden sich unter den Maximen und Reflexionen meiner Knilche einige, die geradezu überraschend neue Einsichten über dieses Element verraten:
«Das Wasser ist geruchlos im Geschmack.»

«Die Oberfläche des Wassers ist öfter in flüssigem als in festem Zustand.»

«Die beste Sorte heißt H_2O. Anderes sollte man aus Gesundheitsgründen nicht trinken.»

«Der Unterschied zwischen natürlichem Wasser und destilliertem Wasser beträgt bis zu acht Zentimeter.»

«Wenn das Wasser schwitzt, nennt man das Kondensation.»

«Wenn es irgendwo an Wasser fehlt, so kann man heute durch die Entstalinisierung des Meerwassers Abhilfe schaffen.»

«Das Siedegeräusch des Wassers kommt von den Bakterien, denen es zu heiß wird, so daß sie vor Schmerzen schreien.»

«Auf dem Mond kocht das Wasser viel schneller als auf der Erde, aber der Flug hinauf ist dafür um so länger, so daß sich die Zeitersparnis wieder ausgleicht.»

Nicht viel besser als mit der Physik steht es im mathematisch-geometrischen Bereich, wobei man den Schülern zugute halten muß, daß es sich zum Teil um uralte und schier unlösbare Probleme handelt, mit denen sie sich herumschlagen müssen, etwa mit der Quadratur des Kreises. Hier einige Definitionen des Kreises – zum Aussuchen:

«Der Kreis ist eine geschlossene Rundung, deren Zentrum genau in der Mitte liegt.»

«Der Kreis ist rund, wenn nicht, ist er eine Epilepse.»

«Der Kreis ist eine Figur, deren runde Form gleichweit voneinander entfernt ist.»

«Ein Kreis ist eine gerade, in sich selbst geschlossene Linie.»

«Ein Kreis ist eine plattgedrückte Kugel oder ein Ball, aus dem die Luft entwichen ist.»

Und was gibt es sonst noch in der Geometrie der Knilche?
«Die Hypotenuse ist jene Linie, die vom Kreis die Ecken abschneidet.»

«Das Dreieck ist ein Quadrat mit drei Ecken.»

«Ein Dreieck, dessen drei Seiten genau gleich lang sind, nennt man ein gleichschändliches Dreieck.»

«Um die Oberfläche eines Dreiecks zu ermitteln, multipliziert man die längere Ecke mit der kürzeren.»

«Wenn eine Gerade einen Punkt nur so-la-la berührt, nennt man sie eine Tangente.»

«Zwei Gerade, die nebeneinander hergehen, heißen Parallele. Das Traurige ist, daß sie sich nie im Leben berühren können.»

Das ausgeprägte Feingefühl dieses über das Schicksal zweier Parallelen nachdenkenden Buben ist zweifellos etwas Kostbares, wenngleich es zum Verständnis mathematischer Probleme kaum beiträgt. Und auf die Dauer können Treuherzigkeit und Großzügigkeit nicht den Sinn für exaktes Rechnen ersetzen, schon gar nicht im Berufsleben. Ich erinnere mich an eine kleine Szene, die ich miterlebte, als ich auf die Reparatur meiner Schreibmaschine wartete. Ein Lehrling brachte eine Rechenmaschine aus der Werkstatt und stellte sie vor den ebenso wie ich wartenden Kunden. Dieser machte zur Kontrolle eine kurze Rechenoperation und rief enttäuscht:

«Die arbeitet ja noch immer ungenau. Sehen Sie selbst: Die siebente Stelle stimmt noch immer nicht!»

«Aber Sie werden zugeben, Monsieur», sagte höflich der Lehrling, «daß früher die letzten drei Stellen nicht stimmten. Es ist also schon viel besser geworden!»

Um den sorglosen Umgang mit Zahlen der Knilche von heute zu entschuldigen, habe ich ein wenig in alten Büchern geblättert und möchte nur auf Alphonse Daudet verweisen, der in seinem berühmten Buch *Tartarin von Tarascon* schreibt:

«Man konnte sich mitten in Afrika glauben, zehntausend Meilen von Tarascon entfernt.»

Zehntausend Meilen aber sind vierzigtausend Kilometer, entsprechen also einer vollen Runde um den Erdball. Tartarin wäre somit wieder zu Hause in Tarascon angelangt.

Théophile Gautier nahm es mit der Geometrie nicht genauer als Daudet mit der Geographie, denn er schreibt in *Capitaine Fracasse*:

«Tiefe waagerechte Narben, die aussehen, als rührten sie von Säbelhieben her, furchten seine Wangen von oben nach unten.»

Müssen wir uns da noch wundern, wenn wir bei einem jungen Zeitgenossen mit offensichtlich poetisch verträumten Vorstellungen lesen:

«In einem rechtwinkligen Dreieck heißt die dem rechten Winkel gegenüberliegende Seite die Meduse.»

Aber auch ohne Poesie ist es ein weiter Weg bis zur Exaktheit. Man will sich nicht festlegen und zieht daher vage Angaben vor:

«Rechtwinklig heißt ein Dreieck dann, wenn es mindestens einen rechten Winkel aufweist.»

«Bei einem gleichseitigen Dreieck macht die Summe der Winkel ziemlich genau hundertachtzig Grad aus, bei unregelmäßigen Dreiecken kann es entsprechend weniger sein.»

«Bei einem Quadrat nennt man die Hypotenuse auch Diagonale. Sie durchschneidet das Quadrat von der zweiten zur vierten oder von der dritten zur fünften Ecke.»

«Läßt man ein Quadrat lange genug um seine eigene Achse rotieren, so entsteht nicht, wie man glauben möchte, ein Würfel, sondern eher ein Zylinder.»

«Pappt man entsprechend viele Kreise aufeinander, so ergibt das einen Zylinder von beliebiger Höhe.»

«Das Wort ‹Zylinder› wird abgeleitet von der mathematischen Kopfbedeckung bei Hochzeiten, Beerdigungen und anderen Anlässen, wo es auf gute Formen ankommt.»

«Die Kugel hat unendlich viele Ecken, aber man sieht sie nicht, weil sie außen rund ist.»

«Eine bemannte Kugel, die sich ständig dreht, nennt man auch Globus. Auf einem solchen leben wir.»

Kleine Irrtümer mit großen Kollegen

Man sagt Frankreich nach, es sei eines der letzten Länder, in denen die Literatur im Alltagsleben noch eine Rolle spielt, und verweist in diesem Zusammenhang auf die alljährlichen Literaturpreise und ihre für Verleger wie Autoren erfreulichen Auswirkungen auf die Auflageziffern und die Bankkonten. Ich bin da ein wenig mißtrauisch; denn ich kenne Statistiken, denen zufolge die Franzosen kein bißchen mehr lesen als ausgesprochene Literaturmuffel-Völker (die zu nennen ich mich allerdings hüten werde). Fest steht lediglich: Unsere Lehrpläne halten die Fahne der Literatur standhaft hoch, und zwar keineswegs nur, was unsere eigenen inzwischen etwas angestaubten Größen wie Corneille, Racine und den gegenüber diesen Leuchten der Moral etwas zwielichtig wirkenden Voltaire betrifft, sondern auch hinsichtlich der großen Geister anderer Länder. Ich wage nicht zu behaupten, daß man in unseren Schulen viel über Alexander Petöfi und Selma Lagerlöf lernt, aber ich bin ganz sicher, daß Garcia Lorca, Thomas Mann, William Faulkner und Bernard Shaw gründlich «durchgenommen» werden, ganz zu schweigen von den Großen der Vergangenheit, von Dante, Shakespeare und vor allem von «Msjö Göt», jenem Johann Wolfgang von Goethe, der heute als naturalisierter Franzose gelten könnte, hätte er die hübsche Friederike Brion aus Sesenheim im Elsaß nicht so schnöde sitzenlassen . . .

Lesen – und staunen – wir, was die Knilche von den Erzählungen ihres Lehrers über Goethe behalten haben. Wie sich zeigen wird, ist es mehr Dichtung als Wahrheit:

«Goethes Mutter hieß Frau Aja, was soviel heißt wie *eh bien* oder genauer: *eh bien oui . . .*»

«Als Goethe zur Welt kam, wohnten seine Eltern eben der Kaiserkrönung in Frankfurt am Main bei.»

«Bevor Goethe geboren wurde, war Frankfurt nur durch seine Würstchen bekannt.»

«Als Goethe noch ein Junge war, durfte er einer Kindsmörderin bei ihrer Tat zusehen; aus ihr entstand später der *Faust*.»

«Goethe führte ein so ausschweifendes Jugendleben, daß seine Schwester daran starb.»

«Goethes erstes großes Drama handelt von dem Ritter Götz von Berlichingen. Das darin enthaltene *mot de Cambronne* machte Goethe mit einem Schlage berühmt, noch ehe Cambronne das seine gesprochen hatte.»

(So hat eben jedes Land seine literarischen Schicksale: Die Deutschen haben seit Goethe das Götz-Zitat, die Franzosen den entsprechenden Kraftausdruck des Marschalls Cambronne von einem Schlachtfeld des Jahres 1815. Wie hätte der arme Knilch es anders sagen sollen? Das Götz-Zitat heißt nun einmal auf französisch *mot de Cambronne*, daran können einige Jahrzehnte zeitlicher Differenz nichts ändern.)

Auch die deutschen Knilche haben ihre Probleme mit Götz von Berlichingen, wenngleich ihnen seine drastische Aufforderung schon seit dem Spiel im Sandkasten vertraut ist. «Offiziell» dürfen sie das Zitat, mag es auch noch so klassisch sein, natürlich nicht gebrauchen.

Ein ansonsten wohlerzogener Knirps, den der Vater dabei ertappte, wie er einem seiner Kameraden zornig den sogenannten «schwäbischen Gruß» entbot, antwortete auf die Frage, von wem er diesen Ausdruck denn gelernt habe: «Von Goethe persönlich!»

Und dies wußten andere deutsche Schüler von «Goethe persönlich» zu berichten:

«Goethes erfolgreichster Roman hieß *Wärters Leiden.* Der Dichter schildert in diesem spannenden Buch, wie der Wärter, ein krankes Kind im Arm, an unendlichen Weidenalleen entlangreitet, die ihre Äste gierig nach dem phantasierenden Kleinen ausstrecken und ihm zweideutige

Angebote machen, die er jedoch nicht mehr annehmen kann, da ihn die Lungenentzündung hinwegrafft.»

«Goethe begann knallhart mit *Götz von Berlichingen*; darauf folgte dann mit *Werthers Leiden* jene weiche Welle, die ihn erst wirklich berühmt machte.»

«Als Goethe in Straßburg studierte, hatte er eine schöne Geliebte, Friederike Byron. Aus dieser Verbindung ging vermutlich der berühmte Dichter Lord Byron hervor, der auch so ein Frauenheld war.»

«Goethe studierte in Straßburg, die schöne Friederike Brion aber lebte in Sesenheim. Wenn Goethe ihr seine Gunst erwies, legte er den Hinweg stets zu Pferd zurück, auf dem Rückweg bevorzugte er jedoch, ermattet wie er war, die Eisenbahn.»

«Als Goethe fertigstudiert hatte, kam er vor das Reichskammergericht in Wetzlar.»

«Aus der Straßburger Zeit hatte Goethe einen Freund, den verrückten Dichter Lenz. Dieser wurde Goethes ebenbürtiger Nachfolger bei der geliebten Friederike und bei deren Schwester Cornelia.»

«Der alte Goethe war noch ein junger Mann, als er in Weimar eintraf.»

«Weimar wurde damals von einem sehr emanzipierten Fürsten regiert, der die vielen Damen seines Hofes dadurch zu beglücken versuchte, daß er zu ihrer Unterhaltung einen sehr attraktiven Minister engagierte; dieser Casanova war kein anderer als Goethe.»

«Vor seiner Berufung nach Weimar hatte Goethe schon zahlreiche Liebschaften gehabt. Um die Damen von Weimar in Sicherheit zu wiegen, heiratete er seine Putzfrau. Während sie saubermachte, traf er sich mit Frau von Stein und anderen.»

«Die Wende zum neunzehnten Jahrhundert war auch für Goethe eine sehr bewegte Zeit. Seine Frau war immerhin die Schwester des berühmten Räubers Rinaldo Rinaldini.»
   (Goethe scheute in der Liebe zwar vor fast nichts zurück, aber damit tut unser Knilch der ebenso hübschen wie hausbackenen Christiane Vulpius doch unrecht: Ihr Bruder war kein Räuber, sondern lediglich der Verfasser des berühmten Räuberromans *Rinaldo Rinaldini*.)

«Christiane Vulpius war eine junge Frau von schwellenden Formen und die schönste Zierde von Goethes Naturalienkabinett.»

«Die Hoffeste, die Goethe in Weimar arrangierte, fanden teils in Ilmenau statt, teils in der Gartenlaube.»

«Als Goethe sich in Intrigen und Liebschaften unlösbar verstrickt hatte, machte er sich bei Nacht und Nebel nach Italien auf und nahm nur die halbfertige Iphigenie mit.»

«In seinen *Venezianischen Epigrammen*, aber auch in den *Römischen Elegien*, gesteht Goethe freimütig ein, welchen rhythmischen Übungen er mit den schönen Italienerinnen frönte.»

«In seinem langen Zusammensein mit schönen Hexen und Mätressen erdachte Goethe einen neuen Vers, den er in Anlehnung an diese Damen Hexameter nannte.»

«Goethe war ein Freund Frankreichs. Seiner Mitwirkung verdanken wir es, daß bei der Kanonade von Valmy nicht geschossen wurde.»

«Nach seinem natürlichen Sohn August machte Goethe auch noch eine natürliche Tochter, diese aber nur auf dem Papier.»

«Als Goethe endlich heiratete, war sein Sohn schon ein Adliger.»

«Goethe verdiente eine Menge Geld als Minister, als Bergwerksdirektor und als Schriftsteller. Als sein Hauptgeschäft bezeichnete er aber den *Faust*, an dem er heute noch verdient.»

«Goethe hatte einen treuen Freund, der stets an seiner Seite ritt. Er hieß Neckermann.»

«Goethes Alter war von großen Leidenschaften durchzogen, davon zeugt sein riesiger Diwan, den Goethe darum scherzhaft west-östlich nannte.»

«Je älter Goethe wurde, desto minderjähriger wurden seine Geliebten. Weil er aber gar so schön dichten konnte, ließen sie ihn gewähren.»

Auch in unserer eigenen Literaturgeschichte interessieren sich die meisten Schüler vor allem für das Anekdotische. Und wer könnte auch vergessen, daß Abälard Heloïse liebte und dafür von ihrem Oheim mit der Entmannung bestraft wurde? Wer erinnerte sich nicht an Buridans Esel, den der Philosoph angeblich zwischen zwei gleichgroße Heu- oder

Haferhaufen stellte, um den freien Willen zu beweisen? Und wer bewahrte nicht eine scheue Sympathie für François Villon, diesen Renaissance-Gammler, charmanten Erzschelm und Galgenpoeten, der die Kasse seiner Universität um Beträchtliches erleichterte, als Magister mordete und sich mit seinen Balladen vom Galgen freikaufte?

«Abälard wurde für seine Liebe grausam bestraft. Als er einmal gerade nicht achtgab, kam der Oheim seiner Braut und schnitt ihm blitzschnell sein Geheimnis ab.» (Eine Vierzehnjährige aus Toulouse.)

«Abälard und Heloïse durften einander nur aus der Ferne lieben. Als Heloïse dennoch schwanger wurde, gab es einen großen Skandal.»

«Abälard büßte für seine Liebe mit der Entmannung; da er nach dieser Verstümmelung in Paris nichts mehr anfangen konnte, ging er in die Bretagne.»

«In dem kleinen Kloster in der Bretagne, in das Abälard sich zurückgezogen hatte, lebten nur drei faule und sittenlose Mönche. Als Abälard sie zur Arbeit anhalten wollte, beschlossen sie, ihn ins Meer zu werfen oder zu vergiften. Angesichts dieser Gefahr ritt Abälard heimlich nach Paris zurück, wo er höchstens eine zweite Entmannung riskierte.»

«Als der Philosoph Buridan in Krakau, Prag und Wien genug Studenten verwirrt hatte, beschloß er, sich mit den Eseln von Paris abzugeben.»

«Buridans Esel war ein sehr kluges Tier. Er tat immer so, als könne er sich nicht entscheiden und bekam auf diese Weise immer zwei Portionen Hafer statt einer.»

«Einmal rettete Buridans Esel ihm das Leben: Der Philosoph war mit einem Schiff voll von Hafersäcken für seine Tiere auf der Seine unterwegs, als ihn aus einem Turm drei schöne Prinzessinnen anriefen. Er stieg zu ihnen hinauf und verbrachte die Nacht bei ihnen; doch danach wollten sie ihn aus dem Fenster werfen, wie alle ihre früheren Liebhaber. Dabei wäre auch Buridan gewiß gestorben, wäre er nicht verhältnismäßig weich gefallen – nämlich auf die Hafersäcke seiner Esel. Seitdem spricht man von Buridans Esel, wenn man an eine wunderbare Rettung aus einer Liebesnacht erinnern will.»

«Buridan war ein großer Tierliebhaber. Wenn sie nichts zu essen hatten, dann teilte er alle Nahrung zwischen sich und dem Esel in zwei gleichgroße Haufen, und der Esel durfte sich zuerst aussuchen, welchen er essen wollte.»

«Während Abälard seine Heloïse liebte, liebte Buridan nur seinen Esel; darum kam auch niemand, der ihn entmannte.»

«Zu Zeiten des Dichters François Villon hatte die Pariser Universität eine eigene Gerichtsbarkeit und schützte alle Akademiker. Darum war es der Plan des Dichters, sich erst mal einen Doktorhut zu erwerben, ehe er sein Gammelleben begann. Heute ist es meistens umgekehrt.»

«Als Villon Magister wurde, schenkte ihm sein Oheim ein kurzes Schwert, damit er seine Konkurrenten entmannen könne. Villon machte aber nur einmal davon Gebrauch: Er hatte einen Bekannten, der war Mönch und besaß eine sehr schöne Geliebte. Um ihn vor weiteren Sünden mit diesem Mädchen zu bewahren, rammte Villon ihm das Schwert in den Unterleib. Auch das Mädchen mußte dran glauben, aber an etwas anderes.»

«Mit zwei Kumpanen brach Villon in der Universität ein und stahl eine Menge Geld. Die Professoren hätten wie immer ein Auge zugedrückt, aber der Pedell, dem ein Teil davon gehörte, rief die Bullen.»

«Villon war in ganz Mittel- und Südfrankreich unterwegs und besuchte viele schöne Städte unseres Landes. Bleibenden Eindruck hinterließen ihm aber nur jene, wo man ihn zum Tode verurteilte.»

«Als Villon schließlich nach Paris zurückkehrte, waren seine Verbrechen verjährt, und niemand sprach mehr davon. Das verdroß ihn so sehr, daß

er sich hinsetzte und in Balladen alle seine Untaten der Vergessenheit
entriß. Man nennt sie das Neue Testament.»

«Aus der berühmten Ballade von der dicken Margot ist zu entnehmen,
daß der Dichter alte, schon hilfsbedürftige Frauen für sich arbeiten ließ
und sie gelegentlich sogar mißhandelte. Falls das nicht zu den Sitten der
Zeit gehört, wirft es ein düsteres Licht auf den Charakter dieses großen
Dichters.»

Soweit die Lebensgeschichte Villons aus der Knilch-Perspektive. Als sei
die Blüte der französischen Poesie damit ein für allemal vorbei, beschäftigen sich die Knilche mit den würdigen Talenten der späteren Zeitalter
nur noch höchst widerwillig. An Corneille und Racine findet die Phantasie offenbar wenig Nahrung, und über Molière habe ich nur eine einzige
schätzenswerte Perle gelesen, die verdient, hier aufgetischt zu werden:
  «Molière war der Sohn eines Dekorateurs namens Poquelin. Die Begabung fürs Theaterspielen aber hatte er von einem Freund seiner Mutter
geerbt, der ihrem Mann natürlich allerhand Theater vormachen mußte.»
  Wenn das nicht Boulevardtheater ist! Auch die Knilche können sich
eine französische Prominenten-Ehe ohne Dreiecksverhältnis schon nicht
mehr vorstellen!
  Und weil wir uns nun schon mal auf schlüpfrigem Boden befinden:
  «Im achtzehnten Jahrhundert mußten die Dichter höllisch aufpassen.
Kaum machte einer auch nur einen orthographischen Seitensprung,
schon wanderte er in die Bastille.»

«Im achtzehnten Jahrhundert gab es für die Pornographen ein eigenes
Gefängnis, die Bastille. Es wurde zu Beginn der Französischen Revolu-
tion gestürmt, weil das Volk die Pornographie nicht mehr allein dem
Adel überlassen wollte.»

«Voltaire hieß ursprünglich Arouet. Nachdem er die schöne Ninon de
Lenclos kennengelernt hatte, wechselte er schnell seinen Namen.»

«Voltaire machte sich viele Feinde, weil er behauptete, daß die Jungfrau
von Orleans gar keine gewesen sei; lediglich Orleans stimmte.»

«Sein Vermögen verdankte Voltaire seinem außerordentlichen Geiz.
Selbst für Frauen gab er kein Geld aus, sondern er nahm sich eine
Nichte.»

«Mit den Königen stand Voltaire auf Kriegsfuß. Zuerst überwarf er sich
mit Ludwig XV., weil er nach Preußen ging, später mit Friedrich II., weil
er dessen Gedichte schlechtmachte. Schließlich aber fand er ein Land

ohne König, was damals gar nicht so leicht war, und zog in die Schweiz, wo man dann von ihm nichts Nachteiliges mehr hörte.»

«Voltaire lebte ungefähr dort im Exil, wo heute Georges Simenon und Charlie Chaplin wohnen, was er zwar nicht wissen konnte, was aber doch eine gewisse Verwandtschaft verrät. Man kann sich jedenfalls nicht vorstellen, daß wirkliche Dichter wie Paul Claudel sich in diese Gegend begeben hätten.» (Absolventin eines katholischen Internats in Limoges in der Abschlußarbeit.)

Sobald es um die Schriftsteller des neunzehnten Jahrhunderts geht, verraten unsere Knilche eine gewisse familiäre Vertrautheit mit den Großen der Nation. Wir sind eben ein Land mit Traditionen: Über der Tür im Eßzimmer hängen bei so mancher Familie noch die Insignien aus den Napoleonischen Kriegen, die Ordensbänder der Ahnen, an der Wand dräuen ehrfurchtgebietend Urkunden und Ehrenbriefe. Mit einem Mobiliar, das beileibe nicht modern sein darf, leben Adel und Bürgertum einer trivialen Zukunft entgegen und achten darauf, daß ja nicht alle Möbel aus derselben Epoche stammen: Die Mischung allein beweist nämlich, daß die Familie seit Jahrhunderten schon «mitzählt». Welch ein Vergnügen, so traditionsbewußte Familiensprosse zu unterrichten! Ein doppeltes Vergnügen, wenn sie, von der Gesellschaftskritik unserer Zeit doch ein wenig beleckt, mutig Moral predigen, Mißstände aufzeigen und sich solidarisch erklären – mal mit den Konservativen, mal mit den Fortschrittlichen:

«Victor Hugo war der Sohn eines Napoleonischen Generals, ehe er auf Abwege geriet.»

«Statt sich Napoleon III. zur Verfügung zu stellen, zog sich Victor Hugo auf eine der britischen Kanalinseln zurück, um dort beinahe zu ertrinken.»

«Victor Hugo hatte ein auskömmliches und ruhiges Leben als Glöckner von Notre-Dame, ehe er zu dichten begann.»

«Unsere großen Dichter des neunzehnten Jahrhunderts schrieben, um sich über ihre unansehnliche körperliche Erscheinung hinwegzutrösten. Honoré de Balzac hatte eine gedrungene, plumpe Figur, und Victor Hugo hatte sogar einen Buckel.» (Diese Verwechslung mit dem von ihm erfundenen Glöckner Quasimodo wird der schöne Victor Hugo gewiß nie verzeihen; sie ist das Werk eines Fünfzehnjährigen aus Rennes.)

«Balzac sehnte sich nach dem Adelsprädikat *de* wie das Brot nach der Butter.»

«Balzac steckte sein Leben lang bis zum Hals in Schulden. Da er aber ziemlich klein geraten war, hat das nicht allzu viel zu sagen.»

«Honoré de Balzac war Frankreichs größter Romanschriftsteller. Die äußere Form seiner schriftlichen Arbeiten muß jedoch als mangelhaft bewertet werden.» (Ein Lehramtskandidat aus Toul beim Betrachten der Handschrift Balzacs.)

«Um in Stimmung zu kommen, machte Balzac adeligen Damen den Hof. Wenn gerade keine in der Nähe war, machte er sich starken Kaffee.»

«Balzac war sein Leben lang rastlos tätig. Ruhe gönnte er sich nur in den wenigen Stunden, in denen er Auguste Rodin für das Balzac-Denkmal Modell stand.»

«Flaubert verdankt seinen Aufstieg der Madame Bovary, die seinetwegen ihren Mann verließ.» (Der naseweise Nachwuchs-Psychologe hat gar nicht so unrecht. Flaubert hat ja die Welt mit dem Bekenntnis überrascht: «Emma Bovary – das bin ich!»)

Nach diesem tiefsinnigen Irrtum verlassen wir die ausgetretenen Pfade der französischen Literaturgeschichte und geben unseren Knilchen noch kurz Gelegenheit, ihre Kenntnisse von der Weltliteratur zu verraten. Da jeder Franzose davon durchdrungen ist, daß die Literatur ein Geschenk Frankreichs an die anderen Nationen ist, haben sich nicht allzu viele Namen in den Hirnen meiner kleinen Co-Autoren festgesetzt; den einen oder anderen aber scheinen sie doch ins Herz geschlossen zu haben:

«Von Dantes *Göttlicher Komödie* ist der erste Teil, ‹die Hölle›, so farbig geraten und der dritte Teil, ‹das Paradies›, so blaß, daß die Gelehrten zu der Meinung gelangt sind, Dante könne nur die Hölle aus eigener Anschauung gekannt haben.»

«Dante hatte eine wunderschöne Geliebte, genannt Beacirce. Er durfte sie jedoch nur von fern becircen, da sie verheiratet war und obendrein fromm.»

«Von den älteren italienischen Dichtern wird heute nur noch Giovanni Boccaccio gelesen. Er vertrieb einer adeligen Gesellschaft während der Pestepidemie die Zeit mit einer Reihe Geschichten, die so unanständig waren, daß niemand während des Erzählens hinausgehen wollte. Auf diese Weise steckte sich niemand an.»

«In den Geschichten des Boccaccio sind fast immer die Männer die Betrogenen, und die Frauen lachen sich ins Fäustchen. Daran erkennt man die große Weltkenntnis dieses Dichters.» (Eine Fünfzehnjährige aus Limoges.)

Wir sehen, wie verräterisch auch der rein schulmäßige Umgang mit Renaissance-Schriftstellern sein kann. An Boccaccio und seinem *Dekameron* scheiden sich offensichtlich die Geister in Böcke und Lämmer. Da lobe ich mir meinen Shakespeare, der bringt uns nicht in solche Verlegenheiten – oder doch?

«Hamlet war ein dänischer Kapitalistensohn, den zwei Rebellen israelischer Herkunft, sie hießen Rosenkranz und Goldstein, nach Deutschland entführen wollten.» (Der Sohn eines Linksradikalen!)

«Shakespeares Drama *Hamlet* ist medizingeschichtlich hochinteressant, beweist es doch die Existenz von Ohrentropfen bereits im frühmittelalterlichen Dänemark.» (Aus einer pharmakologischen Zwischenprüfung, Aix-en-Provence.)

«Shakespeare hatte Königin Elisabeth durch alle seine verrückten englischen Könige und Königinnen so erbost, daß er aus Othello einen Neger machte, um der Monarchin einen Gefallen zu tun.»

«Bei manchen Shakespeare-Stücken liegen am Schluß mehr Leichen herum als in den schlimmsten Fernsehkrimis. Aber weil sie alte Rüstun-

gen tragen und die anderen moderne Anzüge, ist das eine Dichtung und das andere billige Unterhaltung.» (So böse äußert sich sonst niemand unter meinen Gewährsleuten über Shakespeare. Diesem jungen Mann aus Paris hat man offenbar am Abend zuvor das Fernsehgerät ausgeschaltet.)

«Shakespeare scheute auch vor reißerischen Schlüssen nicht zurück: Die originelle Ermordung der halbnackten Desdemona durch einen erregten Neger macht dem Dichter alle Ehre.»

«Shakespeare ist ein sehr geheimnisvoller Dichter, der sein Leben lang selbst nicht wußte, wer er wirklich war.»

«Bis heute steht nicht fest, ob Shakespeare seine Stücke selbst geschrieben oder sich ein paar Herzöge als Schreibsklaven gemietet hat.»

«Das dichteste Dunkel waltet noch immer über Shakespeares Leben, ja, man würde sich nicht wundern, wenn er überhaupt nicht gelebt, sondern nur gedichtet hat.»

«Nach Shakespeares Tod versanken England und Schottland in tiefste Unbildung, aus der sie erst Charles Dickens wiedererweckte.»

Wozu sich also noch lange mit England beschäftigen, denken die Knilche, die verregnete Insel jenseits des Kanals ist doch weit weniger anziehend als jener Schriftsteller, der, obwohl Italiener von Geburt, französisch schrieb und dank einer kleinen Revolution in den französischen Lehrplänen nun wenigstens auf den Oberstufen der Gymnasien erwähnt werden darf: der Venezianer Giacomo Casanova . . .

«Casanova war der Seitensprung einer schönen Schauspielerin mit einem uralten Dogen, der noch immer ein rechter Casanova war.»

«Seine Kindheit verbrachte Giacomo Casanova in der Lagune, weswegen er dann lange in den Bleikammern behandelt werden mußte.»

«Als Casanova mitten in der Pubertät steckte, ließ ihm ein Priester gewaltsam seine prächtige Haarmähne abschneiden. Den daraus resultierenden Kastrationskomplex konnte der Venezianer nie mehr überwinden und wurde so zu einem Amokläufer quer durch die Betten Europas.» (Diese bemerkenswerte Deutung des komplexbeladenen Lebens eines Casanova verfaßte Mademoiselle Y. G., Kindergärtnerin in Tours.)

«Casanovas größte sportliche Leistung war seine Flucht aus den Breikammern. Diese hießen so, weil sie im Dogenpalast ganz unten lagen, wo es nur noch Schlamm und Morast gab, so daß die armen Gefangenen mit den Füßen stets in einem übelriechenden und ätzenden Brei standen.»

«Casanovas berühmte Verführungskünste werden im allgemeinen übertrieben. Die Mehrzahl seiner Geliebten waren Italienerinnen oder Schauspielerinnen, die sich bekanntlich jedem Mann hingeben, oder aber Deutsche und Schweizerinnen, die nach Italienern bekanntlich verrückt sind. In London bemühte Casanova sich vergeblich um ein hübsches Mädchen, das ihm genauso widerstand wie alle anderen Engländerinnen auch.» (Aufsatz aus einem College von Toronto, Schülerinnen teils französischer, teils englischer Sprache.)

«Casanova mag ein Lebenskünstler und großer Liebhaber gewesen sein. Die Kochrezepte, die er in seinen Memoiren erwähnt, laufen jedoch alle immer wieder auf verschiedene primitive Nudelgerichte hinaus.» (Frauenberufsschule Caen.)

«Ein Beweis für die Großzügigkeit Casanovas darf darin erblickt werden, daß er zwei seiner Geliebten, nämlich die schöne O'Murphy und das aus Grenoble stammende Fräulein de Romans, mit Ludwig XV. teilte und sie ihm schließlich ganz überließ – zum Unterschied von jenem König, der einsam in seinem Palast lebte, hatte Casanova ja genug Gelegenheit, Straßenbekanntschaften zu machen.»

«Als er das Alter nahen fühlte, zog sich Casanova in eine Gegend zurück, wo er noch nicht gewildert hatte, und wählte dazu die böhmischen Wälder. Dort gediehen damals noch jene Unschuldslämmer, die nun einmal das zarteste Dessert eines langen Abenteurerlebens bilden.» (Ich konnte nicht entdecken, wo jener sechzehnjährige Pariser diese Formulierung gestohlen hat. Hoffentlich hat er sie nicht selbst erfunden!)

Wer nicht hören will,
muß raten!

Der Lehrer fragt einen unaufmerksamen Schüler: «Robert . . . kannst du mir wiederholen, was ich eben gesagt habe?»

«Pardon, Monsieur», redet sich Robert heraus, «ich habe Sie augustisch nicht verstanden.»

Was bleibt dem Lehrer anderes übrig, als diese mit der Höflichkeit eines Weltmanns vorgebrachte – und physikalisch begründete! – Antwort zu akzeptieren?

Die Phänomene der Akustik, ihre Tücken und Überraschungseffekte liefern der Menschheit von jeher die besten, weil unwiderlegbaren Erklärungen für alle erdenklichen Mißverständnisse, Fälle von Geistesabwesenheit und menschlichem Versagen. Kein Wunder, daß sich auch die Knilche dieser segensreichen Einrichtung bei jeder Gelegenheit nur allzu gern bedienen. Was da alles auf das Konto einer schlechten «Augustik» verbucht wird, ist beinahe schon Gotteslästerung, denn es scheint zu beweisen, daß uns der liebe Gott mit einem völlig untauglichen Gehörapparat ausgestattet hat.

Wie dem auch sei, die folgenden Änderungen mit nicht ganz intakten Ohren stehen allesamt unter dem Motto: Ich muß mich wohl verhört haben!

«Der erste Mensch im Weltraum aß Margarine.»

Grotesk? Warum . . .? Die Endung e wird im Französischen nicht gesprochen, und jene Fünfzehnjährige, die an einer Hauswirtschaftsschule diese Perle produzierte, hatte eben den Namen des russischen Weltraumpiloten Gagarin, in Frankreich Gagarine geschrieben, mit einem besonderen Ohr für Küchenprobleme aufgenommen.

In dieser Hinsicht, nämlich angesichts jener vielen neuen Fakten und Begriffe unserer Gegenwart und jener Zukunft, die zweifellos schon begonnen hat, müssen wir noch auf allerhand gefaßt sein. Denn wie sagte doch ein Schüler so treffend:

«Das Jahr 2000 wird das Jahrhundert der Science-Friction sein.»

Friktionen sind zweifellos sehr viel angenehmer als Fiktionen, und mancher von uns wird sich wohl auch von dem, was die Zukunft bringt, durch eine kräftige Kopfmassage erholen müssen. Vielleicht aber warten auf uns noch ganz andere Kopfbehandlungen, solche, die unsere Fähigkeiten ins Ungeahnte steigern, wie es ein deutscher Schüler in einem Aufsatz beschrieben hat:

«Die Gedankenübertragung steckt noch in den Kinderschuhen; denn bis heute sind nur gewisse hochbegabte Mädchen dazu imstande. In Zukunft aber werden telepathische Massen-Mädchen eine große Rolle im Leben jedes einzelnen von uns spielen.»

Halt, wird man sagen, hier sind Sie selbst einem Schüler aufgesessen, Monsieur Jean-Charles, denn solche Perlen werden sozusagen künstlich fabriziert, um den Lehrer zu ärgern, die Mitschüler zum Lachen zu bringen und selbst als Held dazustehen. Ich bin darum der Sache nachgegangen. Natürlich stammte die Fehlleistung «Massenmedien – Massen-Mädchen» von einem Schüler des letzten Jahrgangs vor der mittleren Reife und natürlich aus einer Großstadtschule. Ich schrieb seinem Lehrer, und der beschwor, die Sache habe ihre Richtigkeit, der sehr sensible Schüler sei hochbegabt, bedauerlicherweise aber schon ein wenig sexuell verwirrt. Sein Vater besitze einen gutgehenden Nachtklub, und dem Sohn sei dank des Anschauungsunterrichts der jungen Damen von der Mitternachtsschau die Masse weiblicher Formen vertrauter als der Gedanke der Gedankenübertragung.

«Was soll man da machen, Monsieur Jean-Charles?» fragte der Lehrer ratlos. «Peter ist nur noch mit dem Sitzfleisch in der Schule, mit dem anderen spaziert er bereits durch den Garten der Lüste.»

Des Proporz wegen soll hier schleunigst ein Beispiel dafür folgen, daß die «Augustik» fast genausooft Unkeusches zu verharmlosen und geradezu salonfähig zu machen vermag. Ein kleiner Bub sagte mit rührender Unschuldsmiene: «Wenn ich groß bin, möchte ich nicht heiraten, sondern wie meine Eltern in milder Ehe leben.»

In einem Interview, das Robert Boulin, Minister für das Gesundheitswesen, der Zeitschrift *Elle* am 23. Februar 1970 gab, erklärte der Minister, daß er ein entschiedener Befürworter des Planes sei, Erste-Hilfe-Kurse nicht nur an höheren Schulen, sondern auch schon im Elementarschulbereich einzuführen.

Ich war von seinen Ausführungen außerordentlich angetan, nicht etwa, weil Robert Boulin mein Schulkollege im Lycée von Talence und danach im Lycée von Bordeaux war, sondern weil er damit einen Vorschlag äußerte, den auch ich seit 1962 wiederholt, unter anderem in meinen Büchern über die Knilche, formuliert hatte.

Noch ist es nicht soweit, noch ist die Erste Hilfe nicht Pflichtfach an allen französischen Schulen. Aber die Lehrer erzählen doch schon einiges über Mund-zu-Mund-Beatmung und andere Praktiken der Ersten Hilfe, und die Schüler machen sich so ihre Gedanken darüber, die sie gelegentlich auch in Aufsätzen niederlegen:

«Wenn man lange Zeit keine Luft bekommt, kann sich das tödlich auswirken.»

«Bei Gefahr von Vergiftungen, vor allem durch Gas, springt man am besten aus dem Fenster.»

«Das Blut saugt sich mit dem giftigen Gas voll, und das tritt dann seinen Weg in einen bestimmten Körperteil an.»

«Wenn ein Mensch seine Seele nicht mehr regelmäßig aushaucht, ist es höchste Zeit für die Mund-zu-Mund-Beatmung.»

«Bei der Mund-zu-Mund-Beatmung legt man die zu rettende Person auf den Rücken und streckt sich der Länge nach auf ihr aus. Dann bewegt man sich etwa fünfzehnmal in der Minute auf und nieder.»

Das waren Antworten eines Jahrgangs, der 1970 zum Abschlußexamen der mittleren Reife antrat, und man sieht, die jungen Lebensretter legten sich ziemlich forsch ins Zeug und hielten es mit radikalen Lösungen. Sehr viel vorsichtiger gingen die Schüler und Schülerinnen eines katholischen Gymnasiums aus dem Südwesten Frankreichs an diese Fragen heran:

«Die Erste Hilfe ist Christenpflicht. Wir haben sie notfalls auch Menschen zu leisten, die keine Katholiken sind.»

«Bevor wir mit der Leistung der Ersten Hilfe beginnen, müssen wir uns überzeugen, ob dem Unfallopfer nicht geistlicher Zuspruch dringender not tut.»

«In manchen Fällen, etwa bei der Suche nach Verletzungen, wird es nötig sein, das Unfallopfer zu entkleiden. Ist es nicht vom gleichen Geschlecht wie wir selbst, so haben wir die Pflicht, ihm die Kehrseite zuzuwenden.»

«Die Mund-zu-Mund-Beatmung ist am besten mit einem inneren Gebet zu verbinden, damit möglichst wenige sündige Gedanken dabei übertragen werden.»

Diese von vorpubertärer Naivität überstrahlten Schilderungen zeigen, daß auch die menschenfreundlichste Handlung zwei Seiten hat – und daß man gut tun wird, die Schüler und Schülerinnen, die man in Erster Hilfe ausbildet, zunächst einmal aufzuklären. Mit stillen Gebeten während der Mund-zu-Mund-Beatmung wird es nur in den seltensten Fällen getan sein.

Dieser Meinung ist auch einer unserer Knilche, der im Anschluß an den Erste-Hilfe-Kursus, den ein Arzt erteilte, in der Schule darüber schrieb:

«Ich möchte gern Arzt werden, denn ein Arzt kann sich bei den Menschen allerlei herausnehmen.»

«Das Stethoskop ist die Waffe des Arztes gegen die übertriebene Schamhaftigkeit.»

Wo er recht hat, hat er recht, wenn er auch als Knilch gar nicht wissen kann, wie viel falsche und wie oft übertriebene Schamhaftigtuerei unter dem Druck dieses Instruments in Gekicher verwandelt und schließlich in ihr Gegenteil verkehrt wurde!

Eine zweite goldene Brücke, die der Arzt der Schamhaftigkeit baut, ist die Maske, die er sich vor das Gesicht bindet – nicht jene grauenerregende Vogelmaske der Pestärzte, sondern das saubere Tüchlein, das den Mund verdeckt und nur die beobachtenden Augen sehen läßt, meist unter der Brille, beruhigend, neutralisierend: Ich bin zwar ein Mann, aber die untere Partie ist kaschiert, Madame . . .

«Die Chirurgen setzen sich Masken auf, damit sie nicht atmen müssen.»

«Bei einer Operation tragen alle Masken, damit der Patient sie nicht wiedererkennt, wenn sie ihn aus Versehen umgebracht haben.»

«Wenn die Ärzte und Schwestern Masken tragen, können sie leichter die sogenannten Kunstfehler begehen.»

Ein kleiner Pariser, der offensichtlich bereits eine Operation hinter sich hatte, glaubte noch einen Grund für die Masken gefunden zu haben:

«Das Schönste sind die weißen Masken, die Ärzte und Schwestern tragen. Dadurch unterhalten sie sich miteinander nur in der Augensprache. Die Schwestern machen den Ärzten schöne Augen, und diese antworten mit tiefen Blicken.»

Ein anderer wurde offenbar in einem übertrieben fortschrittlichen Krankenhaus behandelt, wo man recht leichtsinnige Methoden anwandte, um die Patienten bei guter Laune zu halten, denn er schrieb in einem Aufsatz:

«Der Arzt trägt einen weißen Mantel, eine Gesichtsmaske und lange Gummihandschuhe. Die Krankenschwestern hingegen tragen nur Häubchen und benutzen keine Schutzmittel.»

Das Fernsehen hat mit seinen Gesundheitssendungen, fürchte ich, weniger die medizinischen und psychologischen Kenntnisse der Leser und Zuschauer bereichert als eine Menge Begriffe unter die Leute gebracht, mit denen sich zu meiner Schulzeit noch kein Halbwüchsiger herumzuschlagen brauchte. Diese halb verstandenen Informationen schlagen sich in Schulaufsätzen in folgender Form nieder:

«Vor der Operation wird dem Patienten irgendwo eine Gewebeprobe herausgeschnitten. Ist diese positiv, so stirbt er sehr viel langsamer als die Patienten mit einem negativen Ergebnis.»

«Kann man nicht mehr Pipi machen, so bekommt man ein Katheder. Das sieht so ähnlich aus wie in der Schule, man stellt sich dahinter, und auf einmal kann man wieder.»

«Eine Bluttransfusion ist oft die letzte Rettung, aber nur, wenn die beiden Blutarten gut miteinander verrührt werden.»

«Die Vergreisung unseres Landes ist eine große Gefahr, denn schließlich ist nicht jeder ein Charles de Gaulle.»

«Man muß der Jugend eine Chance geben – warum, das konnte ich in Anbetracht eines eitrigen Mittelohrs leider nicht verstehen.»

«Damit wir nicht eines schönen Tages ausgestorben sind, muß sich eine möglichst große Anzahl von Menschen wiederbevölkern.»

«Emanzipation bedeutet, daß unsere Mutti nicht mehr nach Papas Pfeife tanzt, sondern Seitensprünge übt.»

«Bei der Aufstockung der Bevölkerung verbinden die Männer das Nützliche mit dem Angenehmen. Für die Frauen hängt die Annehmlichkeit von den Umständen ab, in die sie gelangen können.»

«Der Mann ist in allem das Gegenteil der Frau, aber welche Frau weiß das schon!»

«Es gibt männliche Frauen und weibliche Männer, aber das bezieht sich nur auf den Kopf, alles andere ist meistens sehr eindeutig.»

«Die Befruchtung ist im Unterschied zum Pillenschlucken eine einmalige Angelegenheit.»

«Frühgeborene steckt man in Luftkammern, damit sie erst mal zu Atem kommen.»

«Bei der Ernährung durch die Muttermilch besteht der Hauptvorteil darin, daß die Milch von garantiert tuberkulosefreien Kühen herstammt.»

«Pasteur entdeckte sein berühmtes Serum mitten in einem seiner Tollwutanfälle. Daraufhin erfand er dann die nach ihm benannte Milch. Er ist einer der größten Wohltäter der Menschlichkeit, denn seinetwegen werden die Säuglinge nun alle paar Jahre geimpft.»

«Bevor man dem Kind zu trinken gibt, muß man beide Brüste in Alkohol tauchen, um sie zu sterilisieren.»

«Die einzige Milch, welche die der Mutter vollgültig ersetzen kann, ist die des Milchmannes.»

«Das Entwöhnen eines Kindes besteht darin, an die Stelle der Mutterbrust Gemüse zu setzen.»

«Beim Entwöhnen eines kleinen Jungen ist es verhältnismäßig einfach, ihm ein anderes Getränk schmackhaft zu machen, doch bleibt das Nukkelbedürfnis dabei unbefriedigt, und das führt auch bei sehr jungen Männern leicht zu Komplexen.»

Eine der jungen Kanadierinnen, die traditionsgemäß katholische Schulen oder Internate strengster Observanz besuchen, schrieb in einem Aufsatz, der sich mit römischen Hochzeitsbräuchen beschäftigte:
   «Nach der Hochzeitszeremonie wurde das junge Mädchen, die nunmehrige Gattin, in die Wohnung des Gatten geleitet, und dort geschah dann das Unerhörte.»

Eine Kollegin drückte sich schon realistischer aus:
   «Hatten die beiden dann geheiratet, so führte man das Paar im Triumphzug zur Villa des Gatten. Dort wartete ein breites, nach allen Seiten offenes Lager ungeduldig auf die potentiellen Begebenheiten der Hochzeitsnacht.»

«Die jungen Römerinnen lebten äußerst tugendhaft bis zu dem Augenblick, da sie es nicht mehr nötig hatten.»

«Das Familienleben der alten Römer war so glücklich, weil die Frauen noch nichts zu sagen hatten.»

«Die römische Hauszucht bestand darin, daß der Hausvater selbst die Strafen verhängte und auch vollzog. Nur wenn sein Arm schon müde war, ließ er seine Frau von Sklaven durchprügeln.»

«Die Sklaverei im alten Rom ließ sich in etwa mit der Leibeigenschaft im mittelalterlichen Europa vergleichen, nur daß die Römer öfter badeten als die Ritter, welche nicht einmal WCs hatten.»

«Die reichen Römer waren zu ihren Sklavinnen sehr nett, zu ihren Sklaven jedoch sehr grausam. Als das Christentum kam, sollten sie auch zu den Sklaven nett sein, was sie aber meist der Hausfrau überließen.»

«Die jungen Römerinnen gingen rein in die Ehe, die alten Römer gingen raus.»

«Vor der Einführung der Kirchensteuer führten die alten Römer ein wahres Luxusleben. Sie nahmen täglich warme und kalte Bäder, ließen sich vom anderen Geschlecht massieren und gingen dann wohlriechend auf den Markt, um einen politischen Gegner zu erdolchen. Nach der Einführung des Christentums wurde alles anders: Das Baden galt als unsittlich, das Reichsein auch, nur das Morden ließ sich niemand verbieten, denn das politische Leben mußte ja schließlich weitergehen.»

Diese letzte bemerkenswerte Einsicht verdanken wir einem siebzehnjährigen Korsen, von dem nur zu hoffen ist, daß er keine politischen Zukunftspläne hat.

Von Frankreich und Italien führen noch zahlreiche Traditionen zurück ins alte Rom, zum großen Römischen Reich – Verbindungen, die zum Beispiel in Spanien durch die Jahrhunderte der maurischen Herrschaft unterbrochen worden sind. Mit dem alten Orient und auch mit dem klassischen Griechenland haben unsere Knilche aber schon ganz offensichtliche Schwierigkeiten, selbst wenn es sich um Gymnasiasten handelt, und erst recht mit dem alten Ägypten, das doch – geben wir es ruhig zu – bei aller Kultur reichlich exotisch und verschroben wirkt. Nasser war uns ja geradezu familiär-vertraut, verglichen mit der Monstrosität der Pharaonen, die ihre Schwester heirateten und ihre Töchter in den sieben-

ten Himmel versetzten (wenn ich mich nicht irre). Kann man es den Schülern übelnehmen, daß sie mitunter recht abstruse Vorstellungen von diesem alten Großreich entwickeln, das sich selbst – und das ist kein Hörfehler! – als «Geschenk des Nils» bezeichnete?

«Ägypten nannte sich ein Geschenk des Nils, denn wenn der große Fluß gewollt hätte, dann hätte er mit einer einzigen Flutwelle alle Ägypter ins Meer spülen können. Darin, daß er dies nur hin und wieder tat, bestand das Geschenk.»

«Der Nil ist eine ungeheure Wüste, die im Sommer trocken daliegt, sich in der Regenzeit aber mit Hochwasser füllt. Hin und wieder ist so viel Wasser vorhanden, daß es gar nicht in einem einzigen Flußbett zum Meer strömen kann – dann bildet sich ein Delta.»

«Der Nil fällt in einer langen Reihe von Charakteren bis zum Kongobekken hinab, in diesem breitet sich der Niger aus, der größte See Afrikas.» (Ehe wir über diesen Irrtum den Stab brechen: Erinnern wir uns, daß die mittelalterlichen Geographen überzeugt davon waren, daß Niger und Nil ein einziger riesiger Fluß seien. Die Nigermündung war ebenso unbekannt wie die Nilquellen.)

«In früheren Zeiten war die Sahara ein fruchtbares und wildreiches Grasland mit großen Büffelherden. Diese wurden durch die Safaris ausgerottet, und es entstand eine große Wüste.»

«Vor den Überschwemmungen des Nils hatten die Ägypter große Angst. Alle, die es sich leisten konnten, bauten darum feste Burgen mit schrägen Wänden, denen das Nilwasser nichts anhaben konnte – das waren die Pyramiden.»

«Als die Sahara eine Wüste wurde, zogen sich die Menschen und die Tiere, die in ihr gelebt hatten, ins Niltal zurück und gründeten dort gemeinsam einen Staat.»

«Wenn die Ägypter starben, so bauten sie sich herrliche Grabhügel, die Pyramiden. In diesen lebten sie dann, solange sie tot waren, mit ihrer ganzen Dienerschaft.»

«Ich möchte im alten Ägypten nicht Diener gewesen sein. Wenn dem Herrn zufällig die Frau gestorben war, dann wurden die Dienerinnen gleich mit abserviert.»

«Im alten Ägypten wurden die Toten einbalsamiert, das heißt, man öffnete ihnen den Bauch und füllte ihn mit allerlei Konfitüren.»

«Die einbalsamierten Prinzessinnen sahen schöner aus als zu ihren Lebzeiten, und weil sie so schön waren, wurden sie immer wieder von Grabräubern belästigt. Deswegen bauten die Väter, die es sich leisten konnten, über den Gräbern große Häuser mit festen Schlössern gegen diese Grabräuber, aber es war alles vergeblich, denn die Gelehrten aus Europa öffneten die verborgenen Gänge und wickelten die schönen Damen aus ihren Binden.»

«So ein Pharao hatte ein herrliches Leben, denn die Regierungsgeschäfte besorgten seine Minister. Er saß vor seiner Pyramide und drehte Däumchen.»

«Die Söhne der Pharaonen verdienten sich ihre Sporen im Kampf gegen die Nubier. Das waren riesige Neger, die sich besonders gut zum Besiegtwerden eigneten, weil sie so gefährlich aussahen.»

«Der Hauptgegensatz zwischen den Juden und den Ägyptern bestand in der Moral. Die Juden waren zwar arm, gingen aber anständig bekleidet. Die Ägypter ließen ihre Töchter und die Sklavinnen nackt herumlaufen. Das erregte den alten Moses schließlich so, daß er auswanderte.»

«In der ägyptischen Unterwelt gab es keine vernünftige Beleuchtung, darum spricht man von einer ägyptischen Finsternis.»

«Der größte Pharao der ägyptischen Frühzeit hieß Cheops, so benannt nach der berühmten Pyramide, die er für sich errichtete und die so vollgestopft mit unerklärlichen mathematischen Zeichen ist, daß die Gelehrten überzeugt sind, der Pharao müsse mit einem Computer gearbeitet haben.»

«Die Cheops-Pyramide ist so kunstvoll angelegt wie das Netz der Pariser Métro, nur der Eintrittspreis ist höher.»

«Im achtzehnten Jahrhundert vor Christus kam ein Reitervolk aus Arabien im vollen Galopp daher und eroberte Ägypten. Seitdem sind sie dort Mohammedaner.»

«Der größte Herrscher im alten Ägypten war Ramses II. Es gab auch noch andere Ramsesse, aber das waren Imitationen, vor denen man sich hüten muß.»

«Der Pharao Necho versuchte als erster den Bau eines Kanals durch die Landenge von Suez. Nach dem Tod von vierzigtausend Bauarbeitern mußte er aufhören, weil die Gewerkschaften nicht mehr mitmachten.»

«Nachdem der Pharao Necho es aufgegeben hatte, einen Kanal vom Mittelmeer ins Rote Meer zu bauen, befahl er einem Kapitän der Forsythier, Afrika zu umsegeln und vom Süden her ins Rote Meer einzufahren. Der Kapitän brauchte dazu drei Jahre, denn die neuen Seekarten waren noch nicht fertig.»

«In Ägypten gab es kein Holz, darum mußten sie ihre Pyramiden, ihre Schiffe und sogar ihre Betten aus Marmor bauen.»

«Das Goldland der Ägypter hieß Osiris und lag eine Zeitlang am Indischen Ozean.»

«Als die Königin von Saba bei König Salomo eintraf, machte dieser ihr sofort Annoncen.»

«Die Königin von Saba zog zu König Salomo und führte ihre ganze Aussteuer mit sich, weil sie zu den jüdischen Banken kein Vertrauen hatte.»

«Als die Königin von Saba in Jerusalem eintraf, war König Salomo noch ein junger Draufgänger; als sie ihn verließ, war er ein alter Blindgänger.»

«Die Königin von Saba reiste durch ganz Arabien auf der Suche nach einem Mann, der zu ihren Schätzen paßte.»

«Um die Zeit, als die Juden endlich Christen geworden waren, lebte in Ägypten eine Prinzessin namens Kleopatra, die so schön war, daß sie es faustdick hinter den Ohren hatte.»

«Die schönste Königin, die je auf einem Thron saß, hieß Kleopatra, aber bis heute weiß man nicht, wo sie schwarz und wo sie weiß war.»

«Kleopatra war zunächst die Gemahlin ihres Bruders. Diese Unsitte funktionierte nur bei Königen.»

«Was ein richtiger König war, der mußte zuerst mit seiner Schwester schlafen.»

«Cäsar liebte nur seine Soldaten; nachdem er aber Kleopatra kennengelernt hatte, erkannte er, daß auch eine Frau was zu bieten hatte.»

«Kleopatra betrog ihren Bruder mit Cäsar und Cäsar mit Antonius, und als sie schließlich auch noch den Antonius verriet, da schickte der liebe Gott dieser bösen Eva einfach die bewährte Schlange aus dem Garten Eden.»

«Kleopatra starb an einem Biß der Schlange, die sie selbst war.»

«Die Römer fühlten sich in Ägypten sehr wohl, denn sie hatten hier jede Menge Sklavinnen zur Verfügung, die zwar dumm waren, aber alles taten, was man von ihnen wollte. Das empfanden die Römer nach soviel Kultur als sehr angenehm.»

Womöglich noch ferner als Ägypten ist unseren Knilchen jener Orient, den man die Levante oder den Nahen Osten nennt. Von den Pyramiden hat man immerhin gehört; schließlich steht mitten in Paris ein imposanter Obelisk. Aber wo beginnt der Nahe Osten, und wo endet er?

«Es gibt einen nahen und einen fernen Orient. Der nahe beginnt auf dem Flohmarkt.»

«Der Nahe Osten heißt nur so, in Wirklichkeit ist er noch weiter weg als Grenoble.»

«Zwischen dem Nahen und dem Fernen Osten liegt Asien.» (Womit unser Knilch gar nicht so unrecht hat und wieder einmal beweist, wie mißverständlich die hergebrachten Bezeichnungen oft sind.)

«Die Babylonier überfielen eines Tages Palästina und schleppten die Juden in die Gefangenschaft. Mit ihrer bekannten Tüchtigkeit arbeiteten sich die Juden aber bald nach oben, und schließlich gab es im Zweistromland jüdische Herrscher wie Semi-Ramis und Hamu-Rabbi. Dieser war in Tel Aviv Rechtsanwalt gewesen und schrieb als erster alle Gesetze auf.»

«Im alten Assyrien schrieb man alle Briefe auf Steintafeln. Die Ärmsten der Armen waren darum die Briefträger, die diese ungeheuren Lasten von Haus zu Haus schleppen mußten.»

«Auf dem Eukalyptus und auf dem Tigris verkehrten Plastikflöße aus aufgeblasenen Ziegenfellen.»

«Die Perserkönige machten große Raubzüge von der UdSSR bis nach Ägypten und in Länder, die noch gar nicht entdeckt waren. Die Reichtümer, die sie nach Hause schleppten, trägt heute Farah Diba um den Hals, und der Schah verwendet sie für seine tollen Partys.»

«Persepolis, wo der Schah sein Jubiläum feierte, ist eine große Ruinenstätte. Zweitausendfünfhundert Jahre baute man daran, bis alle Ruinen so dastanden wie heute.»

«Alexander der Große war der Sohn König Philipps von Makaronien; seine Mutter aber kannte niemand, denn er war während einer Olympiade zur Welt gekommen, und da herrschte zuviel Betrieb.»

«Alexander war trotz seiner Jugend ein außergewöhnlich erfolgreicher Feldherr. Mit seinem Charme legte er alle Feinde und alle Frauen aufs Kreuz.»

«Die Soldaten und Offiziere Alexanders gingen für ihren König durchs Feuer, denn er ließ ihnen stets die ganze Beute an Mädchen als Sklavinnen. Er selbst interessierte sich mehr für Seide und andere Wäsche.»

«Alexander zog zu Land nach Indien, weil der Suezkanal, den es damals noch nicht gab, gesperrt war.»

«Nach jedem Sieg Alexanders gab es für seine Soldaten, Offiziere und Freunde stets ein ungeheures Gelage. Die Zeche bezahlten dabei die erbeuteten Frauen und Mädchen. Weiter möchte ich darüber mit Rücksicht auf meine schlechte Betragensnote nicht ausschweifen. Nur um zu zeigen, daß ich Bescheid weiß: Eine besonders schöne Frau, namens Thais, steckte im Haschrausch eine ganze Stadt in Brand, und zwar das berühmte Persepolis. Ohne sie gäbe es dort heute nicht so schöne Ruinen.»

«Als Alexander der Große den Indus überschritt, erwarteten ihn auf dem anderen Ufer die Indianer mit ihren Kriegselefanten.»

«Alexanders Feldzug in Indien ist für uns vor allem deshalb wichtig, weil man ohne die Gelehrten, die den Makedonenkönig begleiteten, bis heute nichts Genaues über Indien wüßte.»

«Als Alexander starb, teilten sich seine Feldherren das große Land und machten daraus viele kleine Attrappenreiche.»

Viel mehr waren die Satrapenreiche tatsächlich nicht. Ausnahmsweise zündet die arg strapazierte «Augustik» eben auch mal einen Geistesblitz, dafür versagt sie im Fall Mithridates wieder völlig:

«Als die Römer sich daran machten, den Vorderen Orient zu erobern, stießen sie auf die größten Schwierigkeiten. Da gab es zum Beispiel am Schwarzen Meer einen König namens Micky Dates, der hatte sich so sehr an Gifte gewöhnt, daß es den Römern unmöglich war, ihn wie andere Feinde durch Mitgift kleinzukriegen.»

«Einer der schwierigsten Gegner Roms im Vorderen Orient war Herodes. Er hatte eine wertvolle Geisel namens Johannes der Täufer und drohte diesen umzubringen. Wer hätte dann Christus getauft? Und Rom wäre nie katholisch geworden!»

Die Knilche in den Ferien

Auch Knilche müssen ihre Ferien haben, und niemand schätzt sie mehr als eben jene, die ohnehin während des ganzen Schuljahres gefaulenzt und sich hinter ihren Pulten versteckt haben, wenn der suchende Blick des Lehrers durch die Klasse schweifte. Nun sind die Zensuren verteilt, die Stürme im Elternhaus abgeklungen. Die Knilche haben sich der großen Völkerwanderung ans Meer und ins Gebirge angeschlossen . . . Was nun folgt, sind teils Aussprüche, die mir humorvolle Eltern einsandten, teils Niederschriften aus den obligatorischen Aufsätzen, in denen die heimgekehrten Knilche ihre Ferienerlebnisse erzählen müssen.

«In diesem Jahr haben wir Papa in Paris gelassen, weil er so laut schnarcht. Nun fehlt er uns zum Koffertragen.»

Der einjährige Frank, ein Vetter, wird mit in die Ferien genommen. Tochter Christine muß ihn während der Fahrt halten.
«Und gib gut acht, Christine, daß ihm nichts passiert!»
«Klar, Mama! Wenn der sich das Genick bricht – das würde bestimmt wieder tollen Krach mit den Verwandten geben!»

Als alles verstaut ist, muß man der Oma vorsichtig beibringen, daß sie auf einem der Rücksitze Platz nehmen muß.
«Ich hinten?» entrüstet sich die alte Dame. «Da sehe ich doch gar nichts!»
«Um so besser», flötet Sylvie, «da kannst du ungestört für uns alle beten. Die ersten hundert Kilometer fährt nämlich Mama!»

Die Knilche lassen sich, wie man sieht, ihren Blick in die Welt durch keinerlei Rücksichten trüben. Aber es kommt an der Landstraße allerlei daher, das sie auch bei größter Aufgeschlossenheit noch nicht richtig zu deuten vermögen. Ich selbst habe sehr gelacht, als ein kleiner Reisegefährte ein halbfertiges, noch nicht gedecktes Einfamilienhaus an der Straße mit dem Freudenruf begrüßte:
«Sieh mal, Papa, ein Haus mit Hardtop . . . wegen des schönen Wetters haben sie gerade das Verdeck abgenommen.»
Woraus man schließen kann, daß alles, was das Auto betrifft, zumindest unserer männlichen Nachkommenschaft ungleich vertrauter ist als etwa die Landschaft, Landwirtschaft und Baukunst. Vor allem der schnelle Wechsel des Wetters und das Wirken der Naturgewalten, das im freien Land deutlicher zu erkennen ist als in der gewohnten städtischen Umge-

bung, regt die kindliche Phantasie an:

«Papa, bleib stehen!» ruft der kleine Gustave entsetzt, als er dichten Nebel vor der Windschutzscheibe sieht, «da ist ja der ganze Wolkenhimmel auf die Straße gefallen!»

Oder abends:

«Mutti, sieh doch den Untergang der Sonne, die gerade aufgeht ...»

Als die Mutter ihm den wahren Sachverhalt zu erklären versucht, unterbricht sie der Besserwisser:

«Aber nein, die Sonne macht's wie Papa: Abends legt sie das Toupet ab, und dann ist sie der Mond!»

Nachtfahrten sind besonders aufregend, denn zu Hause dürfen Kinder im allgemeinen nicht so lange aufbleiben. Die Buben, meist grüblerischer veranlagt als kleine Mädchen, gehen dem Rätsel des Universums nach. Einer blickte nachdenklich in den Sternenhimmel über der Landstraße und fragte dann:

«Nicht wahr, Papa, wenn es keinen Himmel gäbe, wüßte der liebe Gott gar nicht, wo er wohnen sollte; denn auf der Erde ist doch nicht genug Platz für ihn.»

Nicht mit allen Fragen kommen die kleinen Knilch-Anwärter zu ihren Eltern oder überhaupt zu den Erwachsenen. Die schönsten Antworten auf Kinderfragen sind jene, die wiederum die kindliche Phantasie gibt. Ich belauschte zwei Vierjährige, die offensichtlich zum erstenmal dem nahen Strand zustrebten:

«Weißt du überhaupt, was das ist, das Meer?» fragte der eine den anderen.

«Das Meer? Na klar – das ist der Swimming-pool vom lieben Gott!»

Bernard, ein kleiner Pariser, spielt am Strand der Costa Brava mit deutschen Kindern.

«Kannst du dich denn mit ihnen verständigen?» erkundigt sich seine Mutter.

«Es geht. Wir reden miteinander spanisch – mit den Händen!»

Jean-Claude langweilt sich und ist unerträglich.

«Heute ist es wieder einmal ganz schlimm mit dir!» zürnt Mama. «So böse bist du schon lange nicht mehr gewesen!»

«Und dabei bin ich heute gar nicht in Form», antwortet Jean-Claude.

«Gustave . . .!» wendet sich Christine an ihren Bruder, «Mama hat gesagt, hinter dem Hotel fließt die Loire vorbei, wir dürfen gehen und sie uns ansehen!»

«Du dumme Pute!» antwortet Gustave voll männlicher Überlegenheit. «Da müssen wir uns doch zuerst erkundigen, wann sie vorbeifließt, sonst stehen wir uns noch die Beine in den Bauch!»

Die kleine Claudine muß sich von ihrem Bruder allerhand gefallen lassen. Nachdem sie sich wieder einmal ausgiebig über ihn beklagt hat, trocknet sie resigniert ihre Tränen und sagt:

«Er ist einfach unausstehlich – aber es geschieht mir ganz recht: Ich bin eben immer zu familiär mit ihm!»

In einem unserer Urlaubsorte war zugleich mit uns Charles eingetroffen, der Sohn des Gastwirts, der in Nantes auf das Gymnasium ging. Nun wollte er zu Hause Ferien machen. Sein Vater brauchte ihn aber zur Arbeit, denn das Haus war voller Gäste.

«Komm, Charles, hilf mir ein Faß aus dem Keller herauftragen!»

Charles hat keine Lust.

«Nimm eine Schürze», rät der Vater scherzend, «dann hast du doppelt soviel Kraft!»

«Dann nimm du doch zwei Schürzen», antwortet Charles, «und trag das Faß allein herauf!»

Bei den Spielen am Strand werden Erinnerungen an das zu Ende gegangene Schuljahr wach. Der zehnjährige Claude ist der Anführer einer kleinen Kindergruppe und hat sich soeben selbst als König ausgerufen. Natürlich ist er Ludwig XIV., der Sonnenkönig. Eine Siebenjährige ernennt er zu seiner Mätresse.

«O non!» haucht die Kleine verlegen, «dazu bin ich noch viel zu jung . . . Sagen wir: Ich werde Mätressen-Schülerin. Schließlich muß man alles erst lernen!»

Ein anderer will Robinson Crusoe sein, eine Rolle, die im Angesicht des Meeres viel Verlockendes an sich hat.

«Und du», sagt er zu einem kleineren, «du bist mein Sklave Freitag!»

«Kann ich nicht lieber Samstag sein?» fragt der andere.

«Warum Samstag?»

«Da brauche ich nur den halben Tag zu arbeiten.»

Auf Korsika gibt es immer noch einige Textilstrände, aber auch die Kinder wissen längst, daß die Mehrzahl der Buchten von FKK-Gruppen bevölkert wird, und spielen statt der Doktorspiele mittags, wenn alles schläft, FKK-Strand.

«Ich ziehe mich aber nicht aus», protestiert eine Zwölfjährige, «es fehlt noch was!»

«Was soll denn fehlen?» murren die Jungens. «Wir ziehen uns alle aus und spielen FKK, basta!»

«Nein – wir brauchen noch Sonnenbrillen, dann sehen wir vornehmer aus!»

In den klaren Wellen vor Korsika ist das Tauchen eine besondere Attraktion, und auch die Kleinen beteiligen sich daran, mit oder ohne Schnorchel, aber jedenfalls mit schönen Masken und Brillen ausgerüstet. Einer entdeckte dabei ganz neue Reize dieses Sports.

Seinen ersten Tauchausflug unternimmt Marc-Emmanuel mit der Mama. Wieder an Land, zieht er seinen Vater beiseite und flüstert:

«Papa, du mußt unbedingt auch mal tauchen!»

«Ja? Warum denn?»

«Weil du dann nämlich Mama mal von unten sehen kannst.»

Familie Dupont hat bei Ajaccio ein Haus gemietet, das auf dem Prospekt komfortabel und romantisch aussah, als sie dann darin wohnen, jedoch eine Unzahl von Ärgernissen verursacht, von der Wasserspülung, die nicht funktioniert, bis zu Kurzschlüssen, Mäusen, Holzwürmern, klappernden Dachziegeln und qualmendem Herd.

«Also, Papa», sagt schließlich Jean-Claude ernsthaft beim Frühstück, nachdem sie wieder eine schlaflose Nacht verbracht haben, «wenn du wirklich ein Mann wärest, dann würdest du dieses ganze Haus packen und es zum Fenster hinauswerfen!»

Als dann der letzte Ferientag da ist, die Koffer gepackt und hinuntergetragen werden zum Auto, wird Jean-Claude aber doch traurig:

«'ne kaputte Bude ist noch immer besser als 'ne heile Schule», stellt er fest.

Wettstreit der Super-Knilche

Am 1. April 1966 war ich unter den Gästen des Paris-Clubs im Fernsehen und hatte eine entzückende große Puppe mitgenommen, eine reizende Puppe mit Pferdeschwanz-Frisur, die ich der jungen Dame zum Geschenk machte, die mich interviewte.

Bei dieser Gelegenheit sagte ich allen Zuschauern, daß noch am gleichen Tag eine Gratisverteilung hübscher Puppen stattfinde, und zwar im Haus der Knilche, Rue de Grenelle 110. Die Puppen seien allerdings den Super-Knilchen, den ganz hartgesottenen, vorbehalten, jenen, die eine Schularbeit vorweisen konnten, die mit der schlechtesten aller Noten, einer Null, bewertet worden sei.

Die Adresse, die ich bei diesem Aprilscherz genannt hatte, war die des französischen Unterrichtsministeriums, und ich hütete mich natürlich, mich dort blicken zu lassen. Immerhin hatten die geplagten Beamten des Ministeriums die Freundlichkeit, mir die zur Preiskrönung vorgelegten Null-Arbeiten über das französische Fernsehen tatsächlich zukommen zu lassen, auch die oft recht aufschlußreichen Begleitbriefe, in denen sich die Knilche bitter darüber beklagten, in die schwierigste aller Sprachen hineingeboren zu sein.

Hier ein paar Beispiele, wie man es zu einer Null bringen kann:
«Man unterscheidet Selbstlaute, Mitlaute und Urlaute.»

«Die Franzosen haben zwei Geschlechtsartikel, die Engländer kommen mit nur einem aus, und die Lateiner waren völlig geschlechtslos. Man sieht also, daß es auch ohne geht.»

«Die unregelmäßigen Tätigkeitswörter erkennt man daran, daß ihre Tätigkeit viel schwerer zu erlernen ist.»

«Die Stelle, wo die Flugzeuge landen, kann drei verschiedene Namen haben: Flugfeld, wenn es zum Beispiel nur ein Acker ist; Flugplatz, wenn er asphaltiert ist, und Flughafen, wenn das Flugzeug auf dem Wasser niedergeht.»

«In England heißt der Fußball-Torwart de Gaullekeeper.» (Gemeint ist natürlich *goalkeeper*.)

«Unsere Sprache hat sich im Mittelalter entwickelt. Bis dahin gebrauchten die einfachen Leute den Volksmund, und die vornehmeren sprachen Vulgärlatein.»

«Die Troubadoure brachten die französische Sprache singend von Burg zu Burg, wo sie den Damen heimlich den Wortschatz erweiterten.»

«Die weibliche Form von Troubadour ist die Trouvaille, doch kam sie selten vor, vielleicht, weil die Keuschheitsgürtel die Frauen beim Singen beengten.»

Womit wir bei dem traurig-heiteren Kapitel der Begriffsdefinitionen angelangt wären. Gestatten Sie, daß ich meine Musterkollektion ausbreite:

«Pharisäer? Ich glaube, Christus hatte was mit ihnen zu tun. Waren die nicht hinter kleinen Jungens her?»

«Was versteht man darunter, wenn wir lesen, die Römer dezimierten die Karthager?» – «Das bedeutet: Sie gingen unaufhaltsam vor und drangen Dezimeter um Dezimeter in die Reihen der Karthager ein.»

«Die römischen Wasserleitungen verliefen über hohe steinerne Brücken, die man Archidukten nennt, weil sie von solchen erbaut wurden.»

«Bachantinnen sind Frauen, die sich für die Musik von Bach so begeistern, daß sie sich vor Freude die Kleider vom Leib reißen.»

«Warum schreibt man ‹Karren› mit zwei r?» – «Weil ein Karren zwei Räder hat, Herr Lehrer.»

«Dessert nennt man das, was man ißt, wenn man eigentlich schon nichts mehr essen kann.»

«Euratom ist die Bezeichnung für die Atomzeit, die genaueste Zeit, die von einer Atomuhr abgelesen wird.»

«Ein Phantom ist ein Gespenst, das man mit bloßem Auge nicht erkennen kann.»

«Fossil ist ein Waschmittel, mit dem man auch bleichen kann und das darum auch in der Wissenschaft zum Bleichen von alten Knochen Verwendung findet.»

«Eremiten erkennt man an ihrem langen Bart, obwohl sie schon ziemlich ausgestorben sind.»

«Nonnen sind weibliche Mönche und machen meist dasselbe wie diese, nur daß sie kein Bier brauen. Dafür begehen sie andere Barmherzigkeiten.»

«Eine Einsiedelei ist ein stilles Örtchen im Walde, das die Eremiten benutzen.»

«Der Papst wird auch der ‹eilige Vater› genannt, weil er von Kirche zu Kirche eilen muß und auch sonst viel um die Ohren hat. Seinen Gläubigern gibt er Audienzien. Er wohnt ganz bescheiden in einem Hinterzimmer vom Petersdom. Jeden Morgen setzt er sich dort auf den eiligen Stuhl.»

«Der Kavallerienberg war der Ort, wo man die zum Tode Verurteilten so lange aufhing, bis die Guillotine erfunden war.»

«Hippodrom ist ein Treffpunkt für Hippies. Früher gab es so was nur auf Jahrmärkten, heute aber überall, wo die Kultur aufhört und man sich zwangloser gibt.»

«Menschen, welche die seltene Gabe besitzen, andere Menschen zum Lachen zu bringen, nennt man Humanisten.»

«Ein Stundenbuch nennt man die Gästeliste eines Stundenhotels.» (Ich hätte nicht geglaubt, daß ein Pariser Knilch sich soweit vergessen kann, aber man hat es mir schwarz auf weiß gezeigt. Dabei sind die *Livres d'heures*, die Stundenbücher, der Stolz unserer mittelalterlichen Buchkunst!)

«Ein Märtyrer war früher ein frommer Mann, der statt zu leben lieber auf den Scheiterhaufen stieg und sich verbrennen ließ. Heute, in unserer schweren Zeit, ist eher das Gegenteil der Fall.»

«Meridian ist die Bezeichnung für Indianer, die an der Küste des Meeres leben.»

«Monokel nennt man das eine Glas, das manchmal heil bleibt, wenn einem älteren, situierten Herrn die Brille zerbricht.»

«Moschee ist die im Orient übliche Bezeichnung für ungläubige Kathedralen.»

«Musen heißen die nackten und meist etwas fülligen Mädchen, die auf den Bildern großer Maler sitzen.»

97

«Potenz ist das, was man sieht, wenn ein Mann nichts mehr anhat.»

«Potentaten sind die Dinge, die ein Mann mit Hilfe seiner Potenz verrichten kann. Wenn das nicht stimmt, dann ist es die lateinische Form für *potatoes*, Kartoffeln.»

«Über Tabus kann ich nichts Näheres sagen, da es, wie ich gelesen habe, so gut wie keine mehr gibt.»

«Eine Repressalie ist eine Frau – sie kann aber auch männlichen Geschlechts sein –, die Verbrecher oft umbringen, um sie gegen einen Fluchtwagen oder etwas Ähnliches einzutauschen.»

Auf die Frage, des Lehrers, was die «Palmes Académiques» seien, antwortete ein Knilch, der von dieser hohen Auszeichnung für kulturelle Verdienste offensichtlich nie gehört hatte:
«Die Palmen . . . die akademischen Palmen . . . das sind die grünen Wedel, mit denen sich die Mitglieder der Académie Française frische Luft zufächeln, wenn sie in der muffigen Atmosphäre ihres Sitzungszimmers zu ersticken drohen.»

«Pedant ist ein Mann, der irgend etwas mit Füßen zu tun hat – vielleicht sehr langsam geht. Mehr kann ich darüber nicht sagen.»

«Ein Poet ist einer, der beim Schreiben keine Zeile vollschreibt, sondern immer etwas Raum läßt, damit er schneller vorankommt.»

«Das Gegenteil davon ist Prosa, nämlich Verse, die so lang sind, daß sie nicht in eine Zeile passen.»

«Moderne Lyrik erkennt man daran, daß die Dichter ihre Verse nicht mehr reimen, sondern ihren hinteren Ausgang lieber offen lassen.»

«Binsenwahrheiten sind solche, die schon so abgedroschen sind, daß man lieber mal schwindeln sollte, als immerfort dasselbe zu sagen.»

«Platon war ein sehr schüchterner Philosoph. Daher nennt man die Liebesspiele, bei denen man nicht aufs Ganze geht, platonisch.»

«Senilität ist die letzte Runde im Lebenskampf, sie kommt gleich nach der Sterilität, meine ich. Oder kommt zuletzt die Sanität?»

«Es heißt, daß kein Geschäft so hohe Differenzen abwerfe wie der Imponderabilienhandel.»

«Veterinäre sind alte Herren, die sich in verschiedenen Kriegen mit Ruhm bedeckt haben und sich in Vereinen gern daran erinnern. – Ach, nein! Sie haben was mit Tieren zu tun. Ich glaube, sie kümmern sich um die Leidenden im Krieg und geben ihnen den Gnadenschuß.»

Ja, Sie lachen und glauben, solche Irrtümer mit Fremdwörtern könnten Ihnen nicht passieren! Aber machen Sie für sich selbst einmal den Versuch, im Fremdwörterbuch beliebige Begriffe «zu stechen», wie man das nennt, wenn man mit dem Finger die Kolonne entlangfährt, bis ein anderer Mitspieler «Halt!» ruft, und lassen Sie dann Ihre Freunde unabhängig voneinander die Bedeutung des Begriffs definieren. Sie werden feststellen: Die gefährlichsten Irrtümer lauern dort, wo man glaubt, genau zu wissen, was gemeint ist. Ich für meine Person könnte täglich Berichtigungen an die Zeitungen oder an den Rundfunk senden, weil das eine oder andere Wort, durchaus nicht immer ein Fremdwort, falsch verstanden oder in falschem Sinn angewandt worden ist. Die folgenden Beispiele stammen nicht nur von Schülern, sondern auch aus Instituten für Erwachsenenbildung und Volkshochschulen und sollen die Betreffenden, die ohnedies ungenannt bleiben, durchaus nicht lächerlich machen, sondern nur zeigen, wie ungleich der Sprachschatz verteilt ist. In einer Bäckerei müssen wir uns auslachen lassen, weil wir die Fachbezeichnung für einen bestimmten Kuchen oder für eine Gebäckform nicht kennen; der Mechaniker zuckt mitleidig die Achseln, wenn wir ihm einen defekten Teil unseres Wagens nicht richtig zu benennen wissen, und so weiß eben immer der eine dies, der andere das, aber keiner alles (und das ist ganz gut so).

«Rekonvaleszent? – Ist das nicht so eine Art Gesundbeter?»

«Der Priester betätigte sich hier als Prosemitenmacher.»
  «Spiritisten scheinen mir solche Alkoholiker zu sein, die nur scharfe Sachen, Sprit eben, trinken.»

«Das Volk von Rom hatte zwei Liebhabereien: *penis et circenses.*»

«In der Gegenreformation haben sich vor allem die Konverter durch Grausamkeit hervorgetan.»

«Das politische Leben leidet vor allem an seinen Extremitäten; diese müßten zuerst abgeschafft werden.»

«In einer Ausstellung exhibitionistischer Maler darf van Gogh nicht fehlen.»

Der gleiche unwissend frivole Knilch beteuerte feinfühlend:

«Ich weiß wohl, was Fiktion ist, aber ich möchte es mit Rücksicht auf meine Mutter, die manchmal meine Schulhefte durchblättert, nicht hinschreiben.»

Sie glauben mir nicht? Sie glauben, ich mache halt solche Witze, wie in jenem alten, nicht sehr feinen Gedicht von der Prostitutionsloge statt der Proszeniumsloge und dem Herreninfektionsgeschäft statt der Konfektion? Ich kann Ihnen versichern, das Material wächst von Tag zu Tag, jeder neue Jahrgang bringt neue Kombinationen hervor, wiederholt aber auch ahnungslos scheinbar uralte Witze. Vielleicht kann ich Sie überzeugen, indem ich auf Fremdwörter weitgehend verzichte und nur den Kurzschlußmechanismus in den menschlichen Gehirnen aufzeige. Hier einige Beispiele aus Diskussionen über «brennende» soziale Fragen unserer Zeit:

«Der Unterschied zwischen Mann und Frau wird durch das neue Gesetz weitgehend beseitigt.»

«Schon in der Urgesellschaft gab es drei Gattungen: Männer, Frauen und Kinder.»

«Jeder Mensch hat ein unverbindliches Recht auf Leben und Tod.»

«Nur junge Frauen können es sich leisten, eine Blöße zu geben.»

«Das Wohl des Volkes schreit nach Bedürfnisanstalten.»

«Was dem einen ein Bedürfnis ist, verschlingt der andere im Überfluß.»

«Die Muse der Gerechtigkeit wird nicht ohne Grund als blind, taub und dumm dargestellt.»

«Der Justitia hat man eine Waage in die Hand gegeben, um den Wagemut unserer Polizei zu versinnbildlichen.»

«Die Polizei hilft blitzschnell und uneigennützig bei jedem Einbruch und vor allem bei Mordtaten.»

«Das Humane an der Gaskammer ist ihre absolute Problemlosigkeit.»

«Die Göttin der Gerechtigkeit hat verbundene Augen, damit sie nicht sieht, was sie mit ihrem Schwert anrichtet. Die Waage in ihrer Hand zeigt an, wer recht gehabt hat: die Justitia oder ihr Opfer.»

«Sind Kinder vorhanden, dann ist zumindest das Problem der Kinderlosigkeit gelöst, das so viele Ehen vergiftet.»

«Wären wir alle Embryos geblieben, dann würde sich gewiß keine Stimme für die Abtreibung erheben.»

«Um zu wissen, daß bei der Abtreibung tatsächlich Leben vernichtet wird, brauchen wir nichts anderes zu tun, als einen Blick in den Mutterleib zu werfen.»

«Sieht man sich die Menschen an, die heute so lautstark für eine Freigabe der Abtreibung eintreten, so muß man sich sagen: Hätte man diese bärtigen Existenzen doch nur rechtzeitig abgetrieben!»
Der letzte Ausspruch stammt, wohlgemerkt, nicht von einem kindlichen Knilch, sondern eher von einem kindischen, dem Vorstand eines «Sittlichkeitsvereins», für den Sitte nichts mit Humanität zu tun zu haben scheint.

Die beiden erhabenen Abgründe

Wer sich viel mit Kindern und Jugendlichen beschäftigt, wird immer wieder mit besonderer Anteilnahme verfolgen, wie sich die werdenden Erwachsenen in die zwei geheimnisvollen Sphären der Sexualität und der Religion hineinarbeiten. Denn es ist Arbeit, die unsere Kinder dabei zu leisten haben, auch wenn manches nach Spiel, nach unbewußter Aufnahme aussieht, und das Bewältigen der vielen Informationen, die oft mit Schockheftigkeit auf die Kinder zukommen, ist die entscheidende Leistung der ganzen geistigen Entwicklung.

Als ich mein *Kleines Wörterbuch zur Sexualerziehung* veröffentlicht hatte, fragten viele Eltern bei mir an, in welchem Alter man den Kindern das Buch in die Hand geben solle. Das aber läßt sich nicht so einfach beantworten, denn es hängt von der Reife der Kinder – und von jener der Eltern ab.

Ich weiß zum Beispiel, daß ein Zwölfjähriger mein Wörterbuch zu lesen wünschte und daraufhin von seiner Mutter gefragt wurde: «Weißt du denn überhaupt, was mit ‹Sexualerziehung› gemeint ist?»

«Natürlich! Die Kunst, sich bei Tisch richtig zu benehmen!»

Man sieht, es ist eine delikate Frage, und ich mache mit dem Buch noch immer sehr unterschiedliche Erfahrungen. So gab ich es kürzlich meinem elfjährigen Neffen Vincent, der es durchlas und dann erklärte:

«Das ist sehr gut, Onkel . . . dadurch kriegt man gleich die richtigen Komplexe!»

Eine Mutter sagte zu ihrem achtjährigen Sohn:

«Deine Schwester Renée ist sehr glücklich . . . sie wird ein Baby bekommen . . . Hast du etwas bemerkt, als sie das letztemal bei uns war?»

«Und ob! Sie grinste doch in einem fort!»

Ein kleines Mädchen wollte von seiner Mutter Näheres über den Liebeskampf wissen:

«Mama . . . warum muß sich eine Frau mit ihrem Mann prügeln, um ein Kind zu bekommen?»

In Amerika beginnt die Aufklärung der Kinder bei den Geschichten von den Bienen und den Vögeln, in Deutschland glauben die ganz Kleinen an den Froschteich und die Störche, in Frankreich erzählen die Eltern, daß die kleinen Kinder in den Kohlköpfen sitzen, bis man sie in eine Familie holt.

Ein kleines Mädchen sah auf dem Spaziergang einmal, wie Kohlbeete mit dunkler Nährflüssigkeit gedüngt wurden.

«Oh, Mami, sieh dir das an . . . Hier will jemand lauter kleine Negerkinder haben!»

Auch die moderne Version, daß man Kinder im Kaufhaus bekommen kann, ha ihre Anhänger, und eine junge Mutter seufzte an einem Tag, als das Töchterchen besonders unerträglich war:

«Also, mit dir ist auch überhaupt nichts anzufangen.»

«Selber schuld», antwortete die Kleine patzig. «Bei deinem Tick, immer das Billigste zu kaufen, hast du bestimmt bis zum Schlußverkauf gewartet und mich dann für ein paar Sous erstanden!»

Eine bohrende Frage des vierjährigen Alain hatte Madame genötigt, ihm zu erklären, er sei aus einem winzigen Körnchen entstanden, das in Mamas Leib gelegt worden sei.

«Aber nein!» protestierte Alain. «Uns hat doch alle der liebe Gott gemacht!»

«Ja gut, gewissermaßen . . .»

«Mama . . . wie sieht denn der liebe Gott aus?»

«Das weiß ich nicht. Ich habe ihn noch nie gesehen.»

«Aber Mama, von einem Mann, den du gar nicht kennst, hast du dir ein Körnchen einpflanzen lassen?!»

Die achtjährige Renée streichelt ihre Katze, die eben fünf Junge geworfen hat, und erklärt begeistert:

«Wenn ich groß bin, mache ich es genauso und bekomme fünf Kinder auf einmal. Dann ist die Sache wenigstens erledigt, und man hat seine Ruhe.» (Eine Überlegung, die durchaus natürlich ist bei einem Mädchen, das zwei- oder dreimal jüngere Geschwister ankommen sieht und den Wirbel miterlebt, den so ein Neuankömmling verursacht.)

Der fünfjährigen Ariane hat die Mutter erzählt, daß man die Babys auf den Blütenköpfen der Sonnenblumen findet. Als Ariane am anderen Tag ihre Spielsachen aufräumen soll, wozu sie absolut keine Lust hat, mault sie:

«Da setze ich mich lieber wieder auf die Sonnenblume und warte auf eine nettere Familie.»

Eine jener Tanten, die nicht wissen, was sie mit Kindern reden sollen, erkundigte sich bei dem dreijährigen Alex, ob er auch selbst einmal Kinder haben wolle.

«Kinder nicht», antwortete der Kleine, «aber kleine Elefanten und kleine Eselchen.»

Das älteste von vier Mädchen war dabei, als das eben angekommene Brüderchen gewickelt wurde.

«Jetzt wird Papa sich freuen», rief sie begeistert, «endlich kriegt er eine Tochter mit einem Zäpfchen!»

Corinne, drei Jahre alt, hat einen französischen Papa und eine deutsche Mutter.

«Bist du nun Französin oder Deutsche?» erkundigt sich ein Besucher.

«Französin.»

«Und dein kleiner Bruder?»

«Das wissen wir noch nicht. Er kann noch nicht sprechen.»

Als im November der erste Schnee fiel, rief der kleine Léon begeistert:

«Mama . . . Weihnachten ist da!»

«Oh, Léon . . . Weihnachten ist noch weit . . .»

«Dann nehmen wir den Wagen und fahren schnell hin!»

In einem Brief an das Christkind schrieb ein praktisch veranlagter kleiner Junge:

«Liebes Christkind!

Von meiner Großmutter wünsche ich mir eine elektrische Eisenbahn. Dafür brauchst du zu meinen Eltern nichts mehr zu bringen. Die haben nämlich schon selber etwas gekauft!»

Trotz aller Verbote hat die fünfjährige Karin den halben Tag lang den Daumen im Mund.

«Du wirst noch ganz häßlich werden», droht die Mutter, «so häßlich wie die Sieben Todsünden.»

Diese Drohung beunruhigt die Kleine zwar, aber sie ist doch skeptisch: «Lutschen denn die Sieben Todsünden auch am Daumen?» erkundigt sie sich.

«Ich weiß, was das Gewissen ist!» erklärt Yvonne eines Tages triumphierend, «da ist ein ganz kleiner Hausmeister in uns drin, und wenn wir etwas Verbotenes tun, macht er uns gleich eine Szene.»

Im Kindergottesdienst war vom Mysterium des Glaubens die Rede, und wie groß es sei. Größe fasziniert, aber jeder Junge möchte wissen, wie groß.

«Papa, das Mü . . . das Mini . . . das Mysterium des Glaubens, ist das so groß wie ein Lastwagen?»

So ein LKW mit seinen vierzehn oder sechzehn Tonnen ist gewiß ein recht imposantes Ding, aber auch die Kinder ahnen, daß Allmacht und Allwissenheit Gottes noch viel respektabler sind.

«Jesus sieht also alles, was ich tue?» will die kleine Anne wissen.

«Natürlich, er sitzt im Himmel und schaut herunter.»

«Und da sieht er nicht, daß ich ein neues Fahrrad brauche?»

Ein anderer philosophiert in sein Aufsatzheft:

«Der liebe Gott weiß alles, deshalb hat er es viel schwerer als wir. Er kann nie hinterher sagen: Das habe ich nicht gewußt, wenn er mal was falsch gemacht hat. Glücklicherweise steht aber in der Bibel, daß er immer alles richtig macht.»

«Wir müssen sehr dankbar sein, daß es den lieben Gott gibt, sonst wären die Pastoren arbeitslos und müßten sich was anderes ausdenken.»

Damit sind wir beim Bibel-Unterricht, beim Alten und Neuen Testament – Themen, die unsere Kinder außerordentlich beschäftigen, weit über die Religionsstunde hinaus. Denn die Bibel ist ja kein trockenes Lehrbuch, sondern ein Buch der Bilder, Legenden, Vorstellungen und gewiß der anregendste Text, der je geschrieben wurde, und in vielen Teilen auch für Kinder leicht verständlich. Doch gerade der Anfang ist schwer zu begreifen; zum Beispiel die Erbsünde – auf französisch *péché original* –, weil ja die Ureltern sie von niemandem geerbt haben können und weil die Sünde uns eben nicht sehr originell erscheint.

Der Katechet einer französischen Schule wollte auf diesen seltsamen

Begriff *péché originel* lossteuern, als er einen Kleinen fragte, wie die allererste Sünde hieß:

«Le péché ori . . . ori . . .», sagte der Lehrer, um zu helfen. Da kam dem Kleinen die Erleuchtung.

«Le péché horizontal!»

Auf seine Prüfungsfragen am Ende des Schuljahres erhielt der fromme Mann unter anderem diese frommen Kuriosa zur Antwort:

«Warum es ein Altes und ein Neues Testament gibt, weiß ich nicht genau. Vielleicht hatte der liebe Gott seine Pläne inzwischen mal geändert.»

«Jesus Christus wurde der Maria durch den Heiligen Geist verschafft.»

«Maria gebar einen Sohn, obwohl sie noch Jungfrau war, wie sich das für eine anständige Mutter gehört.»

«Im Alter von zwölf Jahren pilgerte Jesus zum erstenmal nach Jerusalem, um sich das Heilige Grab anzusehen.»

«Jesus hatte zwölf Jünger, von denen die meisten älter waren als er. Dieses und andere Wunder erzählt die Bibel.»

«Als Jesus lebte, gab es im Heiligen Land eine furchtbare und unheilbare Krankheit: den Aufsatz.»

«Jesus brauchte nur seine Hand auf den Schorf zu legen, und all die auswärtigen Menschen waren geheilt.»

«Jesus wurde vor allem durch seine Wunder berühmt, was aber kein Wunder ist, denn er ist ja der Sohn vom lieben Gott.»

«Lazarus war schon lange tot, als Jesus kam, ihm ein neues Herz einpflanzte und es an den Strom des Lebens anschloß, und schon lebte der tote Lazarus wieder!»

«Dreißig Jahre nach seinem Tod stand Christus wieder auf und machte sich zum Anführer der inzwischen sehr zahlreich gewordenen Katholiken.»

«Christus wurde ans Kreuz geschlagen und hauchte dort allmählich seinen heiligen Geist aus.»

«Als Jesus begraben war, wälzten die Pharisäer einen schweren Stein vor sein Grab, denn sie wußten genau: Wenn der in den Himmel kommt, wird er Jehovas Zeugen allerlei über uns erzählen.»

«Nach seiner Auferstehung fuhr der Herr Jesus in den Himmel, denn auf der Erde, primitiv, wie sie damals war, ließ sich ja doch nichts ausrichten.»

«Als Jesus Christus im Himmel angekommen war, machte er alles nur noch fernmündlich, vor allem zu Pfingsten. Ostern hatte ihm gereicht, so etwas kann man nicht zweimal durchmachen.»

«Unter den Juden gab es einige, die wollten viel lieber Christen sein. Sie gründeten das Christentum und wählten Petrus zu ihrem ersten Papst.»

«Die Jünger Jesu waren alle Juden, bis auf Paulus, der war ein römischer Offizier und brachte erst mal Ordnung in das ganze Christentum.»

«Petrus krähte vor Angst dreimal, aber zu seinem Glück hörte es niemand, und er konnte nach Rom flüchten. Dort kannte ihn niemand, darum konnte er unbehelligt Papst werden.»

«Christus teilte den Himmel in drei Erdteile: das Paradies, das Fegefeuer und die Hölle.»

«Das Fegefeuer nennt man auch Purgatorium, weil die Toten dort in einem fort gereinigt werden.»

«Die Ewigkeit zerfällt in Himmel, Hölle und Kuratorium.»

«Im sogenannten Siebentagekrieg befreiten die Juden sich von den Römern und gründeten einen eigenen Staat Israel. Ihre größten Feldherren hießen Moses und Moses Dayan.»

«Die heilige Godiva war eine wunderschöne Frau, und weil es damals noch keine Gottesdienste gab, ritt sie sonntags nackt durch die Straßen ihres Heimatortes. Heute tut das niemand mehr. Das Pferd würde in dem Verkehr scheu werden.»

«Am jüngsten Tag werden sich alle Menschen in Jerusalem versammeln, Jesus Christus wird vom Himmel herniedersteigen und ihnen seine Meinung sagen.»

Dem Leben mit der Kirche fehlt in Frankreich ein wenig von jener
unbefangenen Fröhlichkeit, die jeder Italienreisende immer wieder neid-
voll beobachtet, wenn er die Kinder in den italienischen Kirchen spielen
sieht und manchem Don Camillo im Kreis seiner Schäflein in einer
Taverne begegnet. Aber auch Frankreich, trotz Calvin doch überwiegend
katholisch, hat sein besonderes Verhältnis zu den Priestern und zur
Kirche gefunden. Man ist seit der Revolution ein wenig distanziert.
Laienwelt und Klerus verkehren sehr höflich miteinander, aber die alte
Einheit, wie sie bis zur Verbrennung des Servetus geherrscht hat und bis
zur Tragödie von Loudun, ist offensichtlich nicht wiedererstanden.

Odile geht spazieren, und plötzlich sagt sie zu einer Nonne höflich
guten Tag.

«Woher kennst du denn die Schwester, Odile?»

«Ich kenne sie gar nicht, Mama.»

«Aber warum hast du sie dann gegrüßt?»

«Weil sie die Kleider von unserem Herrn Pfarrer anhatte.»

Marc beschäftigt die Tatsache, daß die Priester ihre Kutte keineswegs immer tragen. Vielleicht hat er auch etwas von den eleganten Abbés gehört, ohne die einst die französischen Salons undenkbar waren. Darum schreibt er nach langem Federstielkauen in sein Aufsatzheft:

«Ein Priester, der kein Ordenskleid trägt, sondern so angezogen geht wie wir, ist ein zivilisierter Priester.»

Die vierjährige Nelly wohnt zum erstenmal einer großen Messe bei.

«Die Musik ist sehr schön, Mami», flüstert sie ergriffen, «aber wann kommen denn endlich die Clowns?»

Michel, ein kleiner Belgier, kommt von der ersten Kommunion und berichtet seinem Bruder getreulich, was sich ereignet hat:

«Der Herr Pfarrer hat ein langes Nachthemd an, du kniest nieder, mußt den Mund aufmachen, und er schiebt dir eine fromme Tablette hinein.»

Als de Gaulle auf einer Inspektionsfahrt im Departement Charente bei dem Dörfchen Matha eine Panne hatte, lud der geistliche Herr, ein gebildeter Priester, den Staatspräsidenten zu einem improvisierten Imbiß in seinem Garten ein, was de Gaulle annahm, um nicht in einem der Lokale des Ortes speisen zu müssen. Die Bürger von Matha aber, die auf ihrem gewohnten Weg am Pfarrgärtchen vorüberkamen, steckten die Köpfe zusammen und flüsterten respektvoll:

«Unser Pfarrer kennt wirklich Gott und die Welt.»

Charles der Große ist tot, die Pfarrer leben weiter in ihren Gärtchen, in ihren vermeintlichen Nachthemden und schieben ihre «frommen Tabletten» in die andächtig geöffneten Münder der französischen Jugend. Dieses Idyll könnte durch die Aufhebung des Zölibats in naher Zukunft vielleicht sein Ende finden. Jedenfalls wird die Möglichkeit in Belgien und in Frankreich zeitweise heftig diskutiert. Auch die Knilche wurden da und dort aufgerufen, dazu Stellung zu nehmen, und sie haben es auf ihre Weise getan.

«Wenn die Pfarrer heiraten dürfen, so müßte man ihnen auch eine andere Uniform geben, denn sonst gäbe es ja Ehen, in denen keiner die Hosen anhat.»

«Mönche sind sehr arm. Sie haben keine Frauen, dafür aber Bernhardiner, die auch zu vielem zu gebrauchen sind.»

«Die Hauptschwierigkeit, die mit der Priesterehe auf Frankreich zukäme, wäre die Versorgung von Tausenden von Pfarrersköchinnen, die plötzlich Witwen wären.»

«Ich finde es sehr richtig, daß auch Priester heiraten können und Kinder bekommen. Dann werden sie am eigenen Leib erfahren, wie das ist, eine Mutter zu sein.»

«Bisher konnten die Priester zwar viel Gutes tun, aber sie hatten nichts zu leiden. Das wird sich sogleich ändern, wenn sie einmal heiraten dürfen.»

«Wenn die Mönche heiraten dürfen, so hat das für sie den Vorteil, daß sie dann nicht mehr nur mit ihresgleichen zu verkehren brauchen.»

«Die meiste Last haben die Priester mit dem ständigen Beten. Diese können sie dann ihrer Frau überlassen, um sich nützlicheren Dingen zuzuwenden.»

Und so beten die Knilche selber:
   «Lieber Gott, ich danke Dir für alles, was Du uns gegeben hast, für das Fleisch, das Brot . . . aber nicht für die Erdbeeren, denn die habe ich selbst gesammelt.»

«Herr Jesus, du kandierte Furcht ihres Leibes . . . Maria, du beneidete von allen Weibern . . .»

«Jesus, du Himmelsbräutigam, du bist gebadet unter allen Frauen . . .»
   (Was soll man sich auch vorstellen unter «benedeit unter allen Weibern»? Das kann doch nur ein Druckfehler sein und müßte beneidet oder gebadet heißen – oder Benedikt?)

«Und mache, lieber Gott, daß es in diesem scheußlichen Parkettboden weniger Splitter gibt, denn wenn man sich mit bloßen Knien zum Beten hinkniet, dann dringen sie gleich in die Haut.»

«Lieber Gott, Großpapa ist gestern gestorben und ist jetzt unterwegs zu dir. Bitte nimm ihn freundlich auf, sprich ein bißchen lauter, denn er hört nicht mehr sehr gut, und setze ihn zwischen nette Damen, denn das bringt ihn immer in Stimmung.»

«Das Kind im Haus bin ich!»

Einige Tage nach dem Tod ihres Mannes sah man die allseits beliebte Anne-Marie Peysson im Fernsehen. Sie präsentierte eine Gala-Show, die zweifellos schon mehrere Monate vorher aufgenommen worden war. Irgend jemand in meinem Familienkreis stellte fest, daß die hübsche junge Witwe sich angesichts des Trauerfalls etwas vollständiger hätte bekleiden können.

Da sagte plötzlich die kleine Sylvie mit der unverfälschten Lebenserfahrung ihrer sechs Jahre:

«Vielleicht zeigt sie uns ihre Schenkel gerade, um uns von ihrem Kummer abzulenken?»

Muß ich dazu noch viel sagen? Nicht nur die kleinen Französinnen haben ihre eigene Welt, die Jugend überhaupt, die Kinder und die verträumten «Reifenden», sie haben eine Welt, die uns Erwachsenen kaum zugänglich ist. Doch gelegentlich erleichtern die Kinder uns den Zugang durch überraschende Aussprüche, Irrtümer, Fehldefinitionen, die meist dann vorkommen, wenn sie durch das geistige Niemandsland tappen, in dem auch wir uns gelegentlich tummeln.

Es gab eine Zeit, da ließ man in Frankreich auch die Kinder Trauer tragen. Dann wippten die kleinen Mädchen in schwarzem Tüll einher, und die Jungen liefen steif, befangen und unglücklich in feierlichen Kleidern herum, in denen man so gut wie gar nichts unternehmen durfte. So einer Gruppe schwarz gekleideter Kinder reichte irgendeine Tante Bonbons, in der richtigen Annahme, daß sie auch bei bekümmertem Herzen gut schmecken.

«Ich pfeife auf die Trauer», sagte Brigitte, ganze vier Jahre alt, «ich nehme den roten Bonbon!»

An einem unfallreichen Wochenende, zu Ostern oder zu Pfingsten, verkündete der Fernsehsprecher mit Grabesstimme, es habe auf den Straßen wieder sechzig Tote gegeben. Worauf der kleine Jérôme vorwurfsvoll meinte:

«Warum laufen sie auch immer auf der Straße herum, die Toten!»

Todunglücklich über das schreckliche Ende der Jeanne d'Arc erkundigte sich die kleine Therese nach dem Unterricht:

«Sag, Mama, hatten denn die Engländer wirklich nichts anderes zum Heizen als die Jungfrau von Orleans?»

Voilà, drei Geschichten, hinter denen sich die Ahnung verbirgt, daß unsere Handlungen, Fragen und Reaktionen einem höheren Wesen, einem Supermenschen vom Alpha Centauri womöglich so unsinnig erscheinen wie diesen Kindern. Und wie oft sagen wir Dinge, die uns schon der Nachbar, der besser unterrichtet ist oder mehr Erfahrung besitzt, höchstens als unterhaltsamen Nonsens abnimmt. Diese Überlegungen sind mir natürlich nicht von ungefähr gekommen; sie haben sich bei mir eingestellt, als ich eine Gruppe von Aussprüchen zusammenstellte, die meist nicht aus der Begegnung mit den Erwachsenen in der Schule stammen, sondern aus der unbefangenen Konfrontation der Kinder mit der Erwachsenenwelt, wie sie der Familienalltag, wie sie Sport, Spiel, Reisen mit sich bringen und jenes Restchen Religion, von dem zu Hause noch die Rede ist.

Als die ersten Menschen den Fuß auf den Mond setzen, ist Christine eben zehn Jahre alt geworden. Als ihre Eltern nicht aufhören, das Ereignis zu besprechen, reißt ihr schließlich der Geduldsfaden, und sie sagt:

«Ich verstehe gar nicht, warum euch das so aufregt. Ich weiß schon lange, daß es den Mann auf dem Mond gibt. Ihr habt es mir selbst erzählt, und plötzlich macht ihr daraus eine große Sache.»

Der zehnjährige Bertrand braucht fürs Jugendlager eine französische Fahne und geht in ein Geschäft. Was man ihm vorlegt, gefällt ihm aber nicht sonderlich:

«Haben Sie nicht vielleicht französische Fahnen in anderen Farben?»

Ein Mädchen von acht Jahren möchte für seine Mutter einen Schlüpfer kaufen; es soll eine Überraschung werden:

«Wie groß soll er denn sein?»

«So für zweiunddreißig Jahre bitte!»

«Warum», erkundigt sich Sylvie in den Ferien bei ihrer Mutter, «warum heiratest du nicht noch einen? Der eine Papa könnte dann in Paris bleiben und arbeiten, und der andere hätte Zeit, mit uns ans Meer zu fahren.» Die Mutter erklärt, daß man nur einen Mann haben dürfe und einer auch genug sei.

«Ich weiß schon: Sparen, immer sparen!» seufzt meine Tochter.

Colette, sieben Jahre alt, hört ihren Großvater sagen:

«Ich bin jetzt dreiundachtzig ... ein ganz schönes Alter.» Entsetzt läuft sie zu ihrer Mutter und fragt:

«Mama ... dreiundachtzig ... so alt ... ist das auch bestimmt nicht ansteckend?»

Die kleine Yvonne hat noch eine Urgroßmutter. Die Halspartie der alten Dame ist schon sehr faltig. Yvonne nimmt prüfend ein wenig Haut zwischen die Finger und sagt dann:

«Da ist ja die Luft raus ... Ist das, weil du so alt bist, oder hast du bloß eine undichte Stelle?»

Jedesmal, wenn die Urgroßmutter sich verabschiedet, sagt sie gerührt, das sei gewiß zum letztenmal, man werde sich wohl nicht wiedersehen. Ein paarmal macht Yvonne die Szene mit, beim vierten Abschied, vor den großen Ferien, sagt sie aber streng: «Wir bleiben vier Wochen weg, und diesmal solltest du dein Versprechen halten!» Was die alte Dame denn auch gehorsam tat.

Gegenstand des ersten Staunens ist jedoch meist nicht das Alter oder der Tod, sondern ganz einfach der lebendige, erwachsene Mann in der mitunter nicht sehr eindrucksvollen Gestalt des eigenen Vaters.

Als Sylvie eines Tages zu früh aus dem Bett hüpft, begegnet sie ihrem Vater, der eben nackt aus dem Badezimmer trottet. Mit weit aufgerissenen Augen läuft sie zu ihrer Mutter:

«Mami ... Mami ... hast du gewußt, daß Papa ein Junge ist?»

Auch das umgekehrte Erlebnis – der Sohn sieht seine Mutter im Bad – ist umwerfend. Dem kleinen Bernard wird es zuteil, als seine ein wenig füllige Mutter eben splitternackt auf der Waage steht und angestrengt auf die kleinen Ziffern zu ihren Füßen äugt.

«Mensch, ich sage euch», flüstert Bernard später aufgeregt seinen Freunden zu, «ich habe mehr Mutter als ihr alle.»

Bruno ist schon dreizehn, also in einem Alter, in dem sich manche nicht mehr, andere noch nicht waschen. Seine Mutter ist sehr unglücklich darüber und macht ihm Vorhaltungen:

«Stell dir vor, Bruno, du hast einen Unfall, und man bringt dich so schmutzig in eine Klinik ... Ich würde vor Schande sterben!»

«Keine Angst, Mama. Du würdest es nie erfahren. Ich habe gar keinen Ausweis bei mir!»

Die kleine Dominique, drei Jahre alt, wird bei einem heiklen Besuch mitgenommen. Man tritt ein, und Mutter flüstert:
«Sag schön ‹guten Tag› zu der Dame!»
«Kann ich nicht!» flüstert Dominique, «du weißt doch ganz genau, daß ich kompliziert bin.»

Jérôme ist vier Jahre alt, als er mit seiner Mutter zum erstenmal Autobus fährt. Der Zufall will es, daß ihnen gegenüber eine sehr junge Dame sitzt, deren Gewerbe dafür um so älter ist. Sie ist übertrieben geschminkt, hat zentimeterlange Wimpern, einen ultrakurzen Rock, kurz, auch Jérôme kann sie nicht übersehen.
«Mama . . .», sagt er ernst, «über die da . . . über die unterhalten wir uns später.»

Philippe, ebenfalls vier, erblickt auf der Wochenendfahrt ein Pärchen, das am Straßenrand, auf einer Decke, eng umschlungen endlose Küsse tauscht.
«Papa, guck mal!» sagt der Knirps und reckt den Zeigefinger auf die beiden. «Jetzt gibt er ihr Vollgas!»

Die fünfjährige Christine schnappt bei Tisch das Wort Kindergeld auf, läßt sich erklären, worum es sich dabei handelt und sagt am Morgen darauf zu ihrer Mutter, sie möchte das Kindergeld haben.
«Du?» lacht die Mutter. «Wieso?»
«Nun, das Kind in der Familie bin doch ich, oder?»

Papa prüft den Ölstand bei seinem Wagen, runzelt die Stirn und füllt Öl nach.
«Was tust du, Papa?» erkundigt sich Christine.
«Ich gebe Öl in den Motor.»
«Und wohin tust du den Essig?»

Träume beschäftigen die Kinder nicht weniger als die Naturvölker, die sich diese zweite nächtliche Existenz ebenfalls nicht zu erklären vermögen.
«Mutti», fragt Sylvie, schon im Halbschlaf, «was muß man tun, wenn man auf einen anderen Traum umsteigen will?»

Und der kleine Jean-Paul, fünf Jahre alt, erkundigt sich auf einem Spaziergang in der Nähe des Friedhofs:
«Sag, Großmutter . . . die Leute, die da unten liegen . . . müssen die nun ihr Leben lang von uns träumen?»

Die Kinder unterhalten sich über die Zukunft und natürlich über die Berufswahl:

«Ich werde Metzger», verkündet der eine.

«Ich werde Bäcker», sagt ein anderer.

«Und ich», trumpft der sechsjährige Claude auf, «ich werde Kunde und kaufe euch alle Sachen weg.»

Françoise symbolisiert mit ihren zwölf Jahren einen bemerkenswerten Zustand – den der Unschuld –, als sie sagt:

«Großvater hat uns Kinder sehr geliebt . . . vielleicht, weil er selbst keine Kinder hatte?»

Der fünfjährigen Dany ist beim Frühstück eine runde braune Brotkrume in die Milch gefallen.

«Mama, komm schnell», schreit die Kleine, «mir ist mein Leberfleck heruntergefallen und schwimmt jetzt in der Milch.»

Auf einer Fischkonserve prangt ein alter Seemann mit Rauschebart und Pfeife. Als die Dose auf den Tisch kommt, erkundigt sich der vierjährige Vincent alarmiert:

«Gibt's heute abend Mensch aus der Dose?»

Ein ganz kleines Mädchen sammelte sorgfältig alle Zähnchen, die ihm so nach und nach ausfielen.

«Warum hebst du denn alle Zähne auf?» wollte die Großmutter wissen.

«Wenn ich so alt bin wie du, Omi, lasse ich mir daraus ein künstliches Gebiß machen!»

Frédéric, vier Jahre alt, wird zum erstenmal in den Zoo mitgenommen, und natürlich machen die Menschenaffen den stärksten Eindruck auf ihn. Nachdem er eine Weile nachdenklich den Orang-Utan betrachtet hat, erkundigt er sich leise:

«Papa . . . ist das ein Tier – oder ein Hippie?»

Jean-Patrick, zehn Jahre alt, kommt aus dem Krankenhaus wieder nach Hause und stellt die Frage, die ihn in der Klinik offensichtlich am meisten beschäftigt hat:

«Sag mal, Papa . . . wer hat eigentlich die ganzen Krankheiten erfunden?»

Aber es bleibt natürlich nicht bei den Krankheiten: Auch der Tod tritt in das Leben der Kinder, und eines Tages muß man ihnen erklären, warum Großmama oder Großpapa, Onkel oder Tante von nun an in der Runde fehlen wird. Ein kleiner Bayer, der bei einer Pariser Familie zu Gast war, hörte bei solch einer traurigen Gelegenheit das französische Wort für Sarg, nämlich *bière*.

«Klasse!» sagt er voll Nationalstolz. «Die Franzosen legen ihre Toten in Bier ein!»

Der vierjährige Jacques wurde zur Grabpflege mitgenommen und sah bei dieser Gelegenheit ein großes Begräbnis: Berge von Blumen und eine lange Schlange von Leidtragenden mit tiefgesenkten Köpfen.

«Mama . . .», erkundigt er sich scheu, «kommen diese vielen Leute alle nur her, um an den Blumen zu riechen?»

Die fünfjährige Françoise erfährt, man könne das Grab der Großmutter nicht besuchen, sie sei nämlich in ihrem Heimatort in Mittelfrankreich beerdigt worden.

«Blöd!» zürnt die Kleine. «Hättet ihr sie denn nicht hinterm Haus verscharren können?»

Christiane hörte von einem Todesfall bei den Nachbarn, ergriff zärtlich die Hand ihrer ein wenig voluminösen Mutter und sagte tröstend:

«Aber du, Mama, du wirst nie sterben!»

«Wie kommst du denn darauf?»

«Weil Papa nirgends in Paris eine Kiste auftreiben könnte, die groß genug für dich ist!»

Napoleon und die Folgen

Nach diesen Streifzügen durch den aufregenden Alltag unserer Freunde von der letzten Bank kann ich dem Leser jetzt wohl eine Fortsetzung des Kapitels «Knilche machen Geschichte» zumuten. Wo waren wir stehengeblieben? Auf der Guillotine – einem Lieblingsaufenthalt der schwarzen Gedanken eines Knilchs von echtem Schrot und Korn. Sein wahres und erhabenstes Lieblingsthema aber ist zweifellos Napoleon I., der Mann, «der die Welt erschaffen hat», wie ein Zwölfjähriger erst vor wenigen Monaten auf der Antillen-Insel Martinique zu Beginn seines Aufsatzes über das Leben seines Idols feststellte. Ein Klassenkamerad wußte gerade noch maßzuhalten, als er schrieb:

«Napoleon hätte de Gaulle das Wasser reichen können, wenn er nur lange genug gelebt hätte.»

Es gibt unter den Knilchen hierzulande aber auch solche, die das Phänomen Napoleon nicht so leicht aus der Fassung zu bringen vermag, und schon gar nicht imponiert ihnen die Fülle der Daten, die er wie gefährliche Bazillen in die Geschichtsbücher einschleppte.

Wieder andere, vor allem viele Mädchen, sind sich der Größe des Augenblicks bewußt, des französischen Wunders, das darin bestand, daß auf so beschränkte Monarchen wie die beiden vorangegangenen Ludwige plötzlich ein Genie folgte, ein richtiger Teufelskerl – und sie statten ihn in ihrer Phantasie mit den Attributen eines Supermannes aus:

«Man sieht Napoleon direkt vor sich, groß, kräftig, ein wuchtiger normannischer Kleiderschrank aus Korsika . . .»

«Napoleon war eine herrliche, sieghafte Erscheinung, er trug einen leuchtenden Helm und eine Uniform von so blitzender Sauberkeit, daß die jungen Mädchen, die an ihm vorbeigingen, sich darin spiegelten.»

Über die von den Historikern ein wenig kritisch beurteilte, zumindest weniger imposant beschriebene äußere Erscheinung Napoleon Bonapartes sind wir nun also beruhigt. In der Phantasie der Backfische fehlen ihm nur noch die eindrucksvollen Stulpenstiefel der «Drei Musketiere». Nicht ganz so sicher sind die Knilche bezüglich der einzelnen Stationen der Karriere des Korsen Napoleon, denn auf die Frage eines Lehrers:

«Was war Napoleon vor dem Staatsstreich vom 18. Brumaire?» meinte ein Schüler unbefangen:

«Ein Korsar, Herr Lehrer.»

Ein anderer antwortete auf die gleiche Frage:

«Er überlegte, was man für das hohe Amt des Kaisers von Frankreich so alles braucht.»

In der Beschreibung der Schlacht von Marengo vermischen sich historische Einsicht und Kenntnis der französischen Speisekarte, auf der das Veau à la Marengo stets einen Ehrenplatz einnimmt:

«Marengo . . . das war eine Schlacht in Oberitalien, die Marschall De Sex* für Napoleon I. gewann. Dieser war davon so entzückt, daß er ihm ein besonders gutes Kalbfleischgericht kochte und es Veau à la Marengo taufte. Außer Napoleon ist es meine Mutter, die das Gericht am besten zustande bringt.»

«Papst Pius VII., der die Vatikanstadt zweihundert Jahre lang nicht verlassen hatte, kam nach Frankreich, um Napoleon in Paris zu krönen. Napoleon ernannte einen eigenen Präfekten für jedes Appartement.»

«Den Arc de Triomphe ließ Napoleon erbauen, damit die Sieger von 1918 darunter durchziehen konnten.»

«Die entlassenen Soldaten der Napoleonischen Kriege waren so arm, daß sie keine Mäntel hatten und auch nichts, was sie hätten aufsetzen können, nicht einmal Schuhe.»

«Napoleon wäre ganz gern noch in Ägypten geblieben, aber er hatte so viele Gelehrte dorthin mitgenommen, daß er kaum noch Krieg führen konnte, und so floh er nach Frankreich zurück.»

«Josephine Beauharnais war eine besonnene Frau zum Unterschied von der kopflosen Marie-Antoinette.»

«Das französische Volk liebte Napoleon, weil unter seinem Vorgänger Robespierre doch jeder gefühlt hatte, wie sich langsam der Kopf vom Rumpf löste.»

«Napoleon ließ den Herzog von Enghien erschießen, weil er vom Köpfen nicht so viel hielt wie Robespierre.»

«Napoleon hatte keinen Haß gegen die Bourbonen, nur Verachtung. Er ließ auch Ludwig XVI. nicht verfolgen, als dieser heimlich nach Frankreich kam, um nach den Gebeinen von Marie-Antoinette zu graben.» (Wahr ist daran, daß Napoleon, als er in den Hundert Tagen Paris einnahm, Ludwig XVIII. unbehindert fliehen ließ, obwohl er ihn leicht hätte gefangennehmen können. Die kuriose Geschichte von Ludwig

* Eigentlich: Desaix.

XVI., der doch vor seiner Gemahlin hingerichtet wurde, fand ich unerklärlicherweise in mehreren Aufsatzheften.)

«Napoleon verstieß seine Frau, nachdem sie ihm lange genug auf die kaiserlichen Nerven gefallen war.» (Die Devise, «Napoleon ist an allem schuld», umkehrend, läßt auch die junge Napoleon-Schwärmerin von heute kein gutes Haar an seinen Frauen und Geliebten. Sie werden als Rivalinnen betrachtet und entsprechend abfällig beurteilt.)

«Pauline war Napoleons tollste Schwester. Als er abgesetzt war und kein Geld mehr hatte, arbeitete sie als Aktmodell für verschiedene Bildhauer und kaufte von dem Erlös ihrem Bruder eine Villa auf der Insel Elba.»

«Napoleon verließ schließlich Elba, weil ihm Helena besser gefiel. 1819 starb er auf ihr.»

«Am ersten der Hundert Tage landete Napoleon bei Antibes und gelangte dann auf der gut ausgebauten Route Napoleon sehr schnell nach Paris.»

Auf die Frage des Lehrers: «Was weißt du über die Hundert Tage?», antwortete ein Schüler: «Die Hundert Tage, das war der bezahlte Urlaub, auf den Napoleon nach so viel Regieren Anspruch hatte.»

«Die Beresina war eine der wenigen Frauen, an denen Napoleon scheiterte. Deprimiert trat er den Rückzug an.»

«Als die Franzosen endlich Moskau erreicht hatten, war es dort so kalt, daß sie die Stadt anzünden mußten, um sich ein wenig aufzuwärmen, andernfalls hätten sie den Rückmarsch mit erfrorenen Gliedern antreten müssen.»

«Nachdem die Franzosen gesehen hatten, wie es in Rußland aussah, kehrten sie wieder um und marschierten nach Frankreich zurück.»

«Napoleons unerbittlichster Gegner war England. In der Waterloo-Station nahmen sie ihn gefangen und verfrachteten ihn nach Sankt Helena.»

Von dieser «Endstation Waterloo» gibt es noch eine detaillierte Beschreibung, bei der man nicht mehr von einer Entgleisung – um beim Vokabular des Eisenbahnwesens zu bleiben – sprechen kann, sondern nur noch von einer Zugkatastrophe im allerschwärzesten Tunnel geschichtlicher Ignoranz. Die Aufgabe lautete:
«Was wissen Sie über die Schlachten von Waterloo und Sedan und deren politische Folgen?»
«Die Schlacht von Waterloo fiel in die Regierungszeit Napoleons III. und hatte Eugénie zur Kaiserin. Es begann damit, daß er außerstande war, die Schlacht zu gewinnen, und das war ein größeres Unglück als der Rußlandfeldzug nach Austerlitz. Napoleon gewann aber noch die Schlacht bei Wellington, dann wurde schließlich der Frieden von Sedan unterzeichnet, wo bekanntlich leider die Preußen mit dem Sieg davonkamen.»

Der Lehrer, der diese Arbeit zu korrigieren hatte, wird einige Rotstifte gebraucht haben, und falls er noch Haare hatte, riß er sich die letzten bei der Lektüre dieser Geschichtsklitterung bestimmt aus. War er aber gar Bonapartist, so wünschte er den jungen Übeltäter gewiß dorthin, wo der Pfeffer wächst, also zum Beispiel nach Sankt Helena.

In der Besprechung der Schlacht von Waterloo, bei der die Garde schwersten Prüfungen ausgesetzt war, wurde auch das angeblich von Cambronne gesprochene Wort zitiert: «Die Garde stirbt, aber sie ergibt sich nicht.» Eine Schülerin, die die «Augustik» und ihre Backfischphantasie offenbar nicht mehr ganz in ihrer Gewalt hatte, schrieb in ihr Merkheft: «Die Garbo stirbt, aber sie verliebt sich nicht.»
Eine andere sah die Situation mehr von der medizinischen Seite: «Die Garde stirbt, aber sie übergibt sich nicht.»
Was nach Waterloo kam, all die gefühlvollen Ereignisse, die sich Napoleons Biographen mehr zu Herzen nahmen als seine Siege, das ist für die Schüler ganz offensichtlich schwer zu behalten, wobei der Name des englischen Kriegsschiffes *Bellerophon* eine Hauptschwierigkeit dar-

stellt, denn wer kennt heute noch diese griechische Sagengestalt, deren Namen verhängnisvollerweise mit der Silbe *phon* endet?

«Nachdem er von seinen Frauen Abschied genommen hatte, reiste Napoleon von Fontainebleau ans Meer, wo ihn schon ein britischer Telefonkreuzer erwartete.»

«Die weite Fahrt nach Sankt Helena trat Napoleon auf dem modernsten englischen Kriegsschiff an, das mit einem Wellen-Phon ausgerüstet war.»

«Sankt Helena ist eine Insel zwischen Afrika und Amerika, die man nur durch Zufall findet.»

«Auf Sankt Helena war Napoleon einem grausamen Kerkermeister ausgeliefert, der ihn mutterseelenallein Patiencen legen ließ.»

«Napoleon starb auf Sankt Helena, noch ehe seine Todesnachricht Europa erreichen konnte.»

Während das Datum der Schlacht von Waterloo – 1815 – sich den Knilchen verhältnismäßig gut eingeprägt hat, zeigen viele Aufsatzhefte, daß sich die Knilche über Napoleons Sterbejahr nicht einig sind. Vielleicht, weil er auf Sankt Helena eben nur noch ein Lebendigbegrabener war. Das Wort Talleyrands, daß dieser Tod kein Ereignis mehr sei, sondern nur noch eine Nachricht, hat also auch im Hinblick auf die Schuljugend Berechtigung. Ich selbst werde die Jahreszahl 1821 nie vergessen, weil sich für mich eine alte Anekdote damit verbindet:
«Sag mir, in welchem Jahr Napoleon gestorben ist!»
«Das . . . das weiß ich nicht, Herr Professor.»
«Nun, um dir zu helfen: Napoleon starb schon sechs Jahre nach Waterloo!»
«Das hilft mir leider nicht, Herr Professor, denn ich weiß auch nicht, wann Waterloo gestorben ist.»

Von Sankt Helena hatte es also tatsächlich keine Rückkehr gegeben, zumindest nicht für den ersten Napoleon. Die seltsamen Schleichwege, auf denen ein ganz anderer, hoch verschuldeter und nicht sehr gut beleumundeter Napoleon die Familie Bonaparte noch einmal ins Gespräch brachte, interessieren die Knilche nicht sonderlich und überfordern auch den Schullehrstoff, für den Napoleon III., Eugénie, die anderen Napoleoniden, ja, das Paris des Zweiten Kaiserreichs und die ganze Belle Epoque eine Kette von Verlegenheiten schaffen: Paris war zwar wieder die Metropole der Welt, es war eine Menge los, in gewissem Sinne mehr als unter Napoleon I., und es gäbe viel zu erzählen – aber nichts, was man den Schülern sagen könnte. Sie müssen ihren Lehrern einfach glauben, daß es sich um eine glänzende Epoche gehandelt habe, und glauben heißt nun einmal nicht wissen . . .

«Napoleon III. war ein Sohn des Herzogs von Reichstadt und der schönen Tänzerin Fanny Elßler.»
   «Napoleon III. wuchs ausschließlich in Schweizer Pensionaten auf, und man fragt sich, wer ihm die Manieren beigebracht hat, durch die er die Pariser Gesellschaft verblüffte.»

«Seinen Aufstieg zur Macht verdankt Napoleon III. der Tatsache, daß man ihn allgemein für einen harmlosen Kretin hielt, von dem keine Gefahr drohe; zumindest letzteres war ein Irrtum.»

«Napoleon III. verdankt seinen Aufstieg seiner Wirkung auf die Frauen und dem Umstand, daß er ihnen stets unterlag.»

«Eugénie und ihre Mutter, eine spanische Gräfin, kamen mit dem festen Vorsatz nach Paris, die Stadt nur als Kaiserin wieder zu verlassen.»

«Unter dem Zweiten Kaiserreich erzielte man beträchtliche Fortschritte bei der Beschäftigung junger Mädchen. Das hätte den intelligenten Frauen ungeheure Möglichkeiten eröffnet, aber Kaiser Napoleon III. hatte für Frauen nur die althergebrachte Verwendung.»

Da es ab und zu von Nutzen sein kann, historische Vorgänge im Zusammenhang mit der Gegenwart zu sehen, möchte ich das Kapitel nicht mit Pikanterien aus dem Privatleben Bonapartes beschließen, sondern mit einigen Gedankensplittern über «Napoleon und die Folgen» und noch einmal an den politischen Ernst des Themas erinnern.
   Auf die Frage, was die Franzosen 1870 eigentlich gefürchtet hätten, antwortete ein Schüler: «Den Krieg 1914–1918», eine auf den ersten Blick blitzdumme Antwort, hinter der aber vielleicht die richtige Antwort steckt, daß der Krieg 1870/71 auch von französischer Seite als Präventivkrieg angesehen wurde, für den man einen günstigen Zeitpunkt gesucht hatte. Schon der Anfang des Krieges 1914–1918 bestätigte die düstersten Befürchtungen: Die Deutschen hatten ihren rechten Flügel so stark gemacht, daß sie unversehens vor Paris standen und man in eine entstandene Frontlücke die notwendigen Reserven schleunigst mittels einiger hundert Renault-Taxis transportieren mußte. Dieses Ereignis, auf das die Firma Renault in ihren Werbeprospekten heute noch anspielt, stellte ein ahnungsloser Knilch durchaus vergnüglich dar:
   «Mit dem Komfort sah es im Ersten Weltkrieg sehr viel besser aus als

im Zweiten. Damals hatte man noch die Möglichkeit, die Soldaten im Taxi an die Front zu fahren.»

«Während der Zweite Weltkrieg sich mit schnellen Flugzeugen in der Luft abspielte, ging der Erste Weltkrieg zu Fuß und auf der Erde vor sich. Das Merkwürdigste ist, daß sie dennoch beide etwa gleichlang dauerten.»

«Es war sehr gut, daß die beiden großen Kriege dieses Jahrhunderts so schnell aufeinanderfolgten, sonst hätten die Veteranen aus dem ersten Krieg ihre Erfahrungen gar nicht verwerten können.»

«De Gaulle und Hitler kämpften im Ersten Weltkrieg im gleichen Frontabschnitt und wurden beide verwundet. Man stelle sich vor, sie wären ins gleiche Lazarett gekommen und hätten Freundschaft geschlossen, da hätte Churchill nichts zu lachen gehabt!»

«Die Amerikaner haben schließlich die Deutschen aus Frankreich verjagt, so wie es seinerzeit Jeanne d'Arc getan hat.»

«Nach dem Zweiten Weltkrieg mußten sich die Engländer noch lange Zeit von Lebensmittelkarten ernähren.»

«Die wichtigsten vierzehnten Julis in diesem Jahrhundert sind der 11. November und der 8. Mai.»

«Würde Napoleon heute leben, dann würde ich sofort seinem Fanclub beitreten.»

So verwandeln sich die Großen der Geschichte in der Traumwelt unserer Kinder zu Showstars und Pin-ups . . .

Als ich neulich meine Tochter auf dem Hof mit Jungen Krieg spielen und ein Holzschwert schwingen sah, rief ich natürlich hinunter:

«Sylvie! Du wirst doch nicht Krieg spielen! Das paßt nun wirklich nicht für ein Mädchen!»

Da antwortete Sylvie, ohne zu zaudern:

«Und ob das paßt! Ich bin doch 'ne heilige Jungfrau!»

Was will man zu so einer Jugend noch sagen!

Sprachsalat und andere Delikatessen

Wer täglich mit seiner Sprache umgeht, und sei es auch nur als Leser, vermag sich kaum in die Lage jener Schüler hineinzudenken, die mit einem Wortschatz von acht- bis zwölfhundert Wörtern versuchen müssen, Neues darzustellen und für sie (oder für die Erwachsenen) schwer Faßbares zu umschreiben. Sie arrangieren sich immerhin irgendwie mit der Sprache, biegen sie sich zurecht und erzeugen auf diese Weise ein hausgemachtes Idiom. Man muß sich eben nur zu helfen wissen.

«Von unserer neuen Lehrerin wissen wir, daß ihr jeder einzelne von uns am Herzen liegen wird, und das finden wir eine prima Idee.»

«Seit der Revolution von 1848 sind alle Menschenrechte kostenlos zu haben.»

«Da er so lange krank gewesen war, bereitete ihm selbst der Platz des Klassenletzten noch Schwierigkeiten.»

«Als sie am Seil hochkletterten, entwickelten sich die Muskeln der Schüler nach allen Seiten.»

«Leider kann ich keine Jugenderinnerungen niederschreiben, denn ich habe noch kein entsprechendes Erlebnis gehabt.»

«Ich erinnere mich an gar nichts mehr, nicht einmal an meine Geburt.»

«Einen Sonnenaufgang kann ich nicht beschreiben, denn so lange durfte ich noch nie aufbleiben.»

«Die Fensterflügel schlugen im Wind hin und her; die Mütter riefen ihre Kinder, um sie festzubinden.»

«Ich hasse die Einsamkeit; es gibt nichts Fröhlicheres, als einen Abend in einem öffentlichen Haus.»

«Oft zanken sich meine Eltern, obwohl es auch Zeiten gibt, wo sie ganz von sich eingenommen sind.»

«Die Milch kochte mit überschäumendem Temperament.»

«Jeden Abend zog mein Vater die große Standuhr für acht Tage auf.»

«Ich liebe Zorro mit seinem Schnurrbart, der für die Gerechtigkeit kämpft.»

«Das erloschene Licht beherrschte die Dunkelheit. Erst Schritt für Schritt kam der Strom wieder.»

«Meine Schwester hat eine richtige Schwäche für den Briefträger, so sehr wartet sie stets auf Post von ihrem Verlobten.»

«Mein Vater machte mir Vorhaltungen, wurde wieder vernünftig und griff nach der Schnapsflasche.»

«Es war so heiß, daß mir meine Haut so eng wurde, als hätte ich nichts drunter.»

«Ich ließ Strom in die Leitung, und bald darauf erhellte sich das Licht.»

«Dank der günstigen Klimaanlage hatten wir einen schönen Sommer. Es regnete nur während des Niederschlags.»

«Ich werde später einmal Flugzeugführer, denn ich habe mir immer gewünscht, mit eigenen Flügeln zu fliegen.»

«Wir haben einen Wagen gekauft. Nun kann endlich Großmutter aus der Stadt fahren mit ihren üblen Gerüchen.»

«Beim Camping machten wir ein Feuer, um uns zu wärmen, und mit fröhlichem Krachen zerbarsten die trockenen Äste, als wäre es der Scheiterhaufen der Jungfrau von Orleans.»

«Als die Sonne über dem Camp aufging, trieben wir Frühsport, um unsere steifen Glieder in Fahrt zu bringen.»

«Vor den Duschen drängten sich viele Menschen und warteten, daß sie sich hygienisch betätigen konnten.»

«Die Duschen lagen nebeneinander, benutzen durfte man sie aber nur nacheinander.»

«Meine Schwester lief schreiend durch das ganze Camp, aber der Skorpion an ihrem Popo war nur ein rostiger Nagel. Sie beruhigte sich erst, als jemand ihr sagte, daß auch rostige Nägel gefährlich seien.»

«Auf dem Gipfel angekommen, erwärmten wir uns mit kaltem Kaffee.»

«Als ich erwachte, erfüllte der süße Gesang vieler Vögel meine Ohrmuscheln. Ich nahm die Watte aus den Ohren, um zu sehen, ob ich nicht etwa noch träumte.»

«Das Auto keuchte aus allen Lungen.»

«Er prüfte den Motor und stellte fest, daß zumindest eines von den fünfzig Pferden seinen Geist aufgegeben hatte.»

«Die Passanten umstanden den Wagen, dessen Besitzer seine Pferdestärke unter Beweis stellte und alle Gänge einlegte.«

«Ein fürchterlicher Unfall versammelte den Chauffeur zweier Autos an seiner letzten Ruhestätte.»

«Zu seinem Glück wurde der Radfahrer vom Wagen eines angesehenen Arztes niedergestoßen.»

«Seine Beine zitterten und wußten nicht mehr, wo sie sich hinstellen sollten.»

«Er hätte für sein ganzes Leben gelähmt oder gar tot sein können.»

«Seine frühere Geistesgegenwart war schon längst Vergangenheit.»

«Nachdem er seinen Orientierungssinn im Wald verloren hatte, ging er ohne ihn weiter.»

«Die Feuerwehrleute verbrauchten ihr ganzes kaltes Blut beim Löschen des Feuers.»

«Ein junges Mädchen küßte den Läufer auf beide Seiten seiner Wangen und seines Mundes.»

«Ein Rosenstrauß erwartete sie ungeduldig vor sich hin welkend.»

«Es war einer jener kräftigen Stiere, die sechs Tage lang als Ochse vor dem Pflug gehen und am Sonntag in der Arena kämpfen.»

«Nach dem Sieg des Ringers spielte man die amerikanische Marseillaise.»

«Es handelte sich um einen sehr armen Schäfer, der nur ein einziges Schaf besaß. Dennoch war er glücklich und zufrieden inmitten seiner Herde.»

«Der Schinken wurde von dem Bauern heruntergeholt, der im Kamin hing und gut durchgeräuchert war. Die Bäuerin legte ihn auf den Tisch und schnitt ihn in kleine Würfel.»

«Der Stier hatte zu diesem Anlaß seine schönsten Hörner aufgesetzt.»

«Auf den Kellerregalen lagen die gelben Äpfel der Reihe nach ausgerichtet wie Soldaten, die Schwanzstummel in die Luft gereckt.»

«Wenn Dupont zur Jagd aufbricht, nimmt er immer den Hut mit der Leopardenfeder.»

«Er belauschte das Wild bäuchlings auf dem Rücken liegend.»

«Der Förster war auf das Wildschwein scharf, und die Gehilfen trieben es mit ihren Hunden.»

«Einen Hasen am Gürtel, kehrte er mit seinem Sohn nach Hause zurück. Dort zeigte er diesen stolz herum und sagte, das werde ein ausgezeichnetes Mahl geben.»

«Auf einer einsamen Strandwanderung kam ich auch zu einem Wrack. Mir war, als spräche es zu mir: Was suchst du denn noch bei mir? Ich bin nur noch rostiges Blech. In wenigen Wochen werde ich nichts anderes mehr sein als ein wenig Kleinholz zum Heizen.»

«Sie konnte nichts anderes tun, als den entfesselten Elementen ihre Tränen entgegenschleudern.»

«Es gab so viele versunkene Schiffe, daß der ganze Meeresboden von ihnen überschwemmt war.»

«Ein Eisberg reckt immer nur seine Nasenspitze über das Wasser. Mit seinem Gesäß hängt er tief in den Ozean, weil es, wie bei allen Lebewesen, sein schwerster Körperteil ist.»

«Als wir vom Strand heimkamen, enthüllte mir meine Freundin ihren Sonnenbrand bis dort, wo er gar nicht stattgefunden hatte, und gerade dort war er am schönsten.»

«Nach einem künstlerischen Belebungsversuch kam der Ertrunkene wieder zu sich.»

«Die Frau fühlte sich einer Ohnmacht nahe, aber wohl doch nicht nahe genug, denn sie konnte noch etwas sagen, bevor sie ihre Sinnlichkeit verlor.»

«Ich bin mit meinem Vater mutterseelenallein, da diese schon in der Unterwelt weilt.»

«Indem ich einen anderen Weg nahm, kürzte ich diesen ab.»

«Mir fiel ein Schweißtropfen auf die Hand. Also mußte es hier Wasser geben.»

«Die rauhen Felsen hätten uns das Gesicht zerrissen, wären wir nicht so vorsichtig gewesen, dicke Hosen anzuziehen.»

«Wir fanden uns plötzlich gegenüber der Zugbrücke, die nicht mehr existierte.»

«Die einzigen menschlichen Wesen, die wir auf der Insel antrafen, waren die Mücken.»

«Ich spitzte die Augen, um besser zu sehen, was hier eigentlich vor sich ging.»

«Wir hatten keine Zeit mehr weiterzugehen, denn inzwischen waren wir am Ziel.»

«Vorangetrieben von meiner Neugierde, blieb ich stehen.»

«Man hörte das unablässige Kommen und Gehen des Flusses.»

«Als wir heimkehrten, waren wir noch so frisch wie Fische, die zum erstenmal schwimmen gegangen sind.»

Nachdem die ersten Sammlungen meiner Knilch-Blüten erschienen waren, erzählte man mir von einem Pariser Professor, der sich angewöhnt hatte, bei besonders köstlichen Schnitzern seiner Schüler an den Rand des Heftes zu schreiben: «An Jean Charles senden.» Sieht man davon ab, daß er den mir so teuren Bindestrich vergessen hat, so ist doch dieser Lehrer zu einem wertvollen Verbündeten für mich geworden und ich – gewissermaßen als Pranger – zu einem ebenso wertvollen Verbündeten für ihn. Unter den Aussprüchen, die mir auf diese Weise zukamen, scheinen mir bemerkenswert:

«Was wir da sehen, ist nicht Wirklichkeit, sondern lediglich eine optische Enttäuschung.»

«In den Sonnenstrahlen tanzten fröhlich zahllose Mikroben.»

«Der Abend kam, aber er traf nicht ein.»

«Der Tagesanbruch ist die Abenddämmerung des Morgens.»

«Es war Herbst. Die Blätter fielen von den Bäumen und warteten gespannt auf das nächste Frühjahr.»

«Ich saß eben am Fenster, als ich den Winter mit großen Schritten herannahen sah.»

«Es war kalt. Die Spaziergänger hatten ihre Köpfe unter die Schultern geklemmt.»

«Die Blätter, die der Winter entlaubt hat, verlauben sich im Frühjahr wieder.»

«Dann fotografierten die Hochzeitsgäste das junge Paar in allen Stellungen.»

«Die Braut war mit einem Strauß und einem weißen Schleier bekleidet, der so dünn war, daß man die Blüten und Knospen darunter sehen konnte.»

«Der Mann, der die größte Bewunderung für mich hat, ist Napoleon.»

«Seine schlafschweren Lider fielen ihm auf die Brust.»

«In seinen Augen blitzten tausend erloschene Feuer.»

«Sein Bart war so lang, daß er direkt in die Schultern überging.»

«Die Haare fielen ihr den Rücken hinunter, bis sie ihr natürliches Ende im Nichts fanden.»

«Ein Windstoß fuhr ihm in die Hose und hinten wieder hinaus.»

«Er erschrak über sein Spiegelbild, als wäre es sein eigenes Gesicht.»

«‹Oui, Monsieur›, sagte ich, stumm vor Bewunderung und Ehrfurcht.»

«Diese Stadt ist meine liebste Geburtsstadt.»

«Die Olympischen Ringe stehen für die fünf Erdkreise: Polarkreis, Landkreis und Umkreis.»

«Er war zu ehrlich, um dem lieben Gott den Tag zu stehlen.»

In den zwanziger Jahren kam neben vielen anderen Amerikanern auch der Schriftsteller Thomas Wolfe nach Paris. Er hatte eben seinen ersten Roman veröffentlicht, war auf dem besten Wege, berühmt zu werden, aber in Paris verzweifelte er, als er sah, wie und wo seine französischen Kollegen zu schreiben pflegten – nämlich in ihren Stammcafés, in anregender Gesellschaft, hin und wieder mit einem Bonmot an der Unterhaltung teilnehmend. Kurz, sie taten ganz so, als sei das Bücherschreiben ein amüsanter Zeitvertreib, und der arme Thomas Wolfe hatte in seiner Heimat doch so erbittert um jeden Satz, um jedes Wort, um jedes Bild gerungen.

Warum ich an Wolfe erinnere? Weil er glaubte, annehmen zu müssen, daß im Französischen alles ganz einfach sei. Er hätte einmal die Hefte jener Knilche sehen müssen, aus denen ich die Perlen für dieses Kapitel beziehe. Sie zeigen uns erst, wie viele Möglichkeiten und Mißverständnisse, wieviel Geheimnis und wieviel Gestaltloses in unseren angeblich so durchgestalteten, altbewährten, abgeschliffenen Sprachen doch immer noch steckt. Schulhefte gehören nicht gerade zu den «Schöpfwerken der Sprache», von denen Jean Paul spricht (nicht zu verwechseln mit Jean-Charles), aber ich habe nie soviel über das Schreiben selbst nachgedacht wie in diesem Kapitel. Hoffentlich bemerkt man es nicht allzu deutlich . . .

«Ich verstehe nicht, Mutti», protestierte ein kleiner Landsmann, «warum ich Französisch lernen muß, wo ich es doch ohnedies schon kann!»

Eine andere Mutter wollte ihrem Sohn einen Begriff von beispielhafter Prosa geben und las ihm, sorgfältig betonend, einen *Offenen Brief* vor, den Georges Bidault an Charles de Gaulle gerichtet hatte.

«Ach laß, Mama, das verstehe ich nicht – das ist mir zu französisch!» wehrte der Junge ab.

Von einem alten Haudegen, der auf einem Marktplatz Nordfrankreichs abgehackt und martialisch eine Ansprache hielt, sagte ein neunjähriger Schüler zu seinen Eltern:

«Ich will heim . . . dem will ich nicht länger zuhören . . . der spricht ja nur mit einem Auge Französisch!»

Das sind Feinheiten, wie sie der geborene Franzose empfindet, der kleine Mann, die kleine Dame, die das natürliche Verhältnis zu einer der schönsten und kunstvollsten Sprachen der Welt als Geschenk in die Wiege gelegt bekommen haben. Wie unendlich schwer ist es jedoch für den Ausländer, zumal für den Afrikaner, in diese so besonders europäische Sprache hineinzufinden und so zu tun, als sei er in ihr zu Hause! Ich bringe – mit einem Dank an den Freund, der für mich sammelte – eine

Blütenlese aus einem Gymnasium der Stadt Tunis:
«Ich rundblicke um mich.»

«Im Schrank hangen und bangen die Kleider.»

«Ist das Essen fertig, so setzen und essen wir uns.»

«Nach dem Essen schmieren wir die Teller ab.»

«Zum Dessert reichen wir den Nachtisch.»

«Nach Tisch tut eine kurze Nachtruhe besonders gut.»

«Die Siesta ist eine wohlerzogene Einrichtung.»

«Als der Direktor mich rufen ließ, ging mein Atem nur noch in kleinen Stücken von mir.»

«Er war so stumm wie eine Kaper.»

«Eine halbe Stunde verschreitet sich schnell.»

«Bevor man auf das Pferd steigt, legt man Sattel und Tier aufeinander.»

«Ich wohne in einer Gendarmeriestation. Tiere sind hier verboten, außer dem Kommandanten und dem Adjutanten.»

«Meine Katze bewegt ihren Schwanz im Takt zur Musik wie ein richtiger Dirigent.»

«Mein kleiner Bruder kann noch nicht gehen, aber die Beine hat er schon am richtigen Fleck.»

«Endlich habe ich das Hängeregal fertig; so an die Wand genagelt, brauche ich nur noch die Bücher einzuräumen.»

«Meine Eltern wärmen sich die Glieder der Familie nahe am Feuer und gegenseitig.»

«Die Schlange ergriff die Flucht und kam nicht mehr darauf zurück.»

«Die Haifische erblickten das Boot mit der Harpune und gaben sogleich Fersengeld.»

«Die Schlange nahm die Beine in die Hand . . .»

«Ich stöberte eine Sandviper in ihrem Nest auf und erschrak sehr, als sie davonlief, so schnell sie auf ihrem Bauch rutschen konnte.»

«Meine Mutter hat eine irdene Vase, an der sie sehr hängt. Sie stammt von den alten Galliern, und wir bewahren sie als Andenken an ihren Besuch auf.»

«Der Mann hatte einen eigentümlichen Gang. Er stellte einen Fuß immer vor dem anderen auf die Erde. Er hatte einen kleinen Kopf, auf dem ein langer, dünner Hals saß.»

«Das Auto meines Vaters fraß seit einiger Zeit nur noch das Gnadenbrot, weil es so viel Benzin verbrauchte.»

«Über uns hingen die Schneewächter des Mont Blanc.»

«Das Schwimmbassin war von Menschen überschwemmt. Vier Nordafrikaner hatten ein Mädchen aus dem Wasser gezogen und begannen begeistert mit den Wiederbelebungsversuchen. Nacheinander bearbeiteten sie es geschickt von Mund zu Mund, was bei manchen von ihnen auch zu dem gewünschten Erfolg führte.»

Wir müssen dem Jungen aus Lyon, der diesen Bericht zu Papier brachte, zugute halten, daß es sich um ein aufregendes Erlebnis handelte. Der Aufsatz läßt übrigens erkennen, daß es in den französischen Freibädern nicht ganz geheuer zu sein scheint . . .
   Nach dem falschen grammatikalischen Bezug sind Gedankensprünge die häufigste Ursache für unkorrekten Stil. Wer hätte solche Fehler noch nicht begangen? Auch den besseren Schriftstellern unterlaufen sie mal.
   Aber in unseren Manuskripten korrigieren sie die Redakteure stillschweigend und schmunzelnd, höchstens mit einem kleinen Seufzer («Und so was ist berühmt!»). Den Knilchen indessen bleibt nichts erspart. Die Sprünge und Abwege ihres Denkens werden offenbar, denn das weiße Papier der Schulhefte ist ein unbarmherziges Feld, das keine Deckung gewährt – andererseits: Nicht jede Blöße, die man sich gibt, sollte gleich als Freudsche Fehlleistung interpretiert werden.

«Bei einem guten Buch kann ich mich mehr befriedigen als beim Spiel mit den Nachbarskindern. Sie spielen sowieso immer nur ‹heiraten›.»

«Neulich war ich bei einer Hochzeit, doch bin ich Gott sei Dank noch mit einem blauen Auge davongekommen», beginnt der Aufsatz eines Zwölfjährigen über sein aufregendstes Ferienerlebnis, das auch für meine Leser aufschlußreich und aufregend sein dürfte:

«Als die Hochzeitsgesellschaft die Kirche verließ, paarten sich wiederum alle und hielten dann einen Augenblick für den Fotografen still. Braut und Bräutigam knieten im Halbkreis um den Pfarrer. Das ganze Dorf hatte teil an ihrem freudigen Ereignis. Bei der anschließenden Hochzeitsfeier ging die Braut von Hand zu Hand. Jeder wollte mit der Braut einmal tanzen. Sie hatte ein entzückendes weißes Kleid an, aber es verschwand bald in der Menge. Als der Bräutigam eine Rede halten sollte, stellte sich heraus: Er hatte schon so viel getrunken, daß er seiner ehelichen Pflicht nicht mehr genügen konnte. Deshalb überließ er sie seinem Bruder. Nach dem letzten Trinkspruch warf die Braut ihr Glas an die Wand und ging in Scherben. Während der Bräutigam also bereits tüchtig gebechert hatte, war die Braut noch so, wie Gott sie geschaffen hatte. Sie weigerte sich, getragen zu werden, denn sie sah ja, daß ihrem Mann die Füße versagten und er keinen mehr hochkriegte. Sie klomm die Stiege zum Obergeschoß allein hinauf, wobei die bewundernden Blicke der ganzen Gesellschaft auf ihrer blendend weißen Kehrseite ruhten. Das Fest endete, wie Hochzeiten so oft, mit einer althergebrachten Prügelei. Auch Frauen und Kinder mußten dran glauben. Unter den gefallenen Mädchen befand sich meine Schwester.

Am nächsten Morgen konnten die Erwachsenen sich kaum auf den Beinen halten, wir Kinder aber waren alle putzmunter, denn wir hatten nicht so viel gesoffen und geraucht. Der Bräutigam aber brummte, denn inzwischen war er ja schon Familienvater und wieder ganz nüchtern. Und da soll Heiraten eine schöne Sache sein!»

So werden kleine Jungen unversehens mit dem Ernst des Lebens konfrontiert: Sie sind erst dreizehn oder vierzehn und noch guter Dinge, beinahe ahnungslos und voll Vertrauen, da kommt einer daher, heiratet die schöne große Schwester, den Stolz der Familie, besäuft sich, läßt die Braut in der ersten Nacht mit ihrer Sehnsucht allein und hat am anderen Tag schlechte Laune. Was bleibt da der jungen Frau anderes übrig, als sich ihren Hausfrauenpflichten in der Küche zu widmen?

«Ich nahm Mehl, Milch und Eier, rief nach meiner Mutter und begann sie untereinander zu verrühren.»

«Man nimmt acht Kilo Aprikosen, entzieht ihnen die Kerne und gibt das entsprechende Gewicht an Zucker hinzu. Beim Erhitzen verlieren sie ein Fünftel ihrer Zutaten, so daß man nur noch hundert Gramm Konfitüre erhält.»

«Das Wichtigste beim Kochen ist sauberes Geschirr. Darum muß der Ehemann stets schon am Morgen seine Pflicht tun.»

«Damit die Suppe nicht anbrennt, tut man unten Wasser in sie hinein.»

«Frisches Fleisch ist oft zu hart; zu alt darf es aber auch nicht werden. Es ist sehr schwierig, genau jenen Zeitpunkt zu erwischen, wo es gerade noch genießbar ist.»

«Brät man ein Steak, so muß man den Herrn fragen, ob er es halbroh, mittel oder durch essen will. Ist man mit dem Herrn verheiratet, so erübrigt sich diese Frage.»

«Nicht minder wichtig als das Fleisch selbst ist das Beilager.»

«Welcher Wein zu welcher Speise gehört, ist eine Geheimwissenschaft, weil man nie weiß, wie er schmeckt, bevor man die Flasche geöffnet hat.»

«Bei der französischen Küche kommt es sehr auf das richtige Getränk an, bei der amerikanischen würde das auch nichts helfen.»

«Die Franzosen treiben einen Irrsinnskult mit dem Wein und trinken zu jedem Gang eine andere Flasche. Der Amerikaner ist da viel bescheidener. Er trinkt zu allem stets Coca-Cola. Ich glaube nicht, daß ein so großes Volk sich so sehr irren kann, und werde meinerseits auch stets bei Coca-Cola bleiben.» (Vierzehnjähriger Tunesier in der Hotelfachschule von Villy-la-Forêt.)

«Man beginnt ein Diner mit dem Apéritif, damit man Appetit auf die leiblichen Genüsse der Hausfrau bekommt.»

«Es ist ungesund, beim Essen fernzusehen, wogegen man beim Fernsehen ruhig essen kann.»
Das Fernsehen gehört längst zum Familienalltag und vermittelt zweifellos nachhaltigere Eindrücke als der Schulunterricht, wenngleich ein großer Teil dieser Eindrücke nur halb verdaut wird. Aber gerade die halbverdauten Worte, Redewendungen und Phrasen sind es, die die Knilche dann in der Schule gern vom Stapel lassen, einmal, weil ihnen nichts Besseres einfällt, zum anderen, weil alles, was aus dem Fernsehapparat kommt, so verwegen, so modern und so richtig klingt. Nicht ganz so richtig klingt es in der Nacherzählung der kleinen Zuschauer:
«Ihr wütender Haß machte sie taub für die stummen Schreie der Opfer.»

«Der Gangster hatte ein so brutales Gesicht wie sonst nur die Bullen.»

«Vater ärgert sich jedesmal, wenn meine Mutter bei dem politischen Kommentator schläft.»

«Er explodierte vor Wut, ganz so, wie es eine Bombe an seiner Stelle getan hätte.»

«Stimmen entfernten sich lautlos in die Tiefe des Fernsehapparates.»

«Jeden Abend reife ich unweigerlich zum Mann.»

«Selbst mein Großvater schwärmt für die Massenmädchen im Fernsehen.»

«Das Wort ‹Massenmedium› bedeutet, daß sich heutzutage am Abend keine Massen mehr auf den Straßen herumtreiben, sondern zu Hause vor dem Bildschirm sitzen.»

«Man brachte den Gefangenen schnell zum Sprechen, indem man ihn knebelte.»

«Der entlarvte Spion öffnete sich eine Geheimader, so daß er verblutete.»

«Das Leben ist ein langes Lügengewebe aus Messerstichen, von dem man täglich einen bitteren Tropfen trinken muß.»

Nach dieser Perle der Einsicht aus der Feder einer normannischen Volks-schul-Philosophin beschließe ich das Kapitel mit einer kleinen zeitgemä-ßen Geschichte. Meine Kusine, eine junge Frau Mitte Zwanzig, hatte an einer Studentendemonstration teilgenommen. Als sie zu ihrer Tochter heimkehrte, wollte diese natürlich wissen, was Mutti gemacht hatte.

«Ich war bei einer Demonstration», erklärte die Mutter, «aber du weißt sicher gar nicht, was demonstrieren heißt?»

«O doch! Demonstrieren heißt soviel wie protestieren!»

«Alle Achtung, da weißt du ja schon eine Menge . . .»

«Soviel . . .», gesteht die Kleine bedrückt, «soviel weiß ich nun auch wieder nicht. Ich weiß zum Beispiel nicht, was protestieren heißt.»

Und dies gehört schließlich zur Allgemeinbildung:
«Frankreich ist in neunzig Appartements eingeteilt.»

«Die wichtigsten Städte von Frankreich heißen Paris, Marseille, Lyon und Bardot.»

«Die höchste Erhebung von Frankreich ist de Gaulle.»

«Frankreich liegt zwischen den beiden Hemisphären.»

«Frankreich hat eine Länge von 551 Quadratmetern und erstreckt sich von Norden nach Süden. Es ist von natürlichen Grenzen bedeckt. Dank seiner wirtschaftlichen Lage ist es ein geographischer und von Meeren umflossener Erdteil. Eine willkürliche Grenze trennt Frankreich vom Jardin de Luxembourg und von Belgien.»

«Die Metropole Frankreichs befindet sich dort, wo die Métro fährt und hat von ihr den Namen.»

«Die Seine käme viel schneller zum Meer, wenn sie nicht einen so großen Bogen um die Renault-Werke machen müßte.»

«Die edelsten Teile von Frankreich sind Nord-, Mittel- und Südfrank-reich, denn am Westen nagen die Wogen des Meeres, am Osten die Schweizer und die Deutschen.»

«Paris war so lange die Hauptstadt von Frankreich, bis die Olympischen Winterspiele nach Grenoble vergeben wurden.»

«Zu den Nachbarn Frankreichs gehören die Briefmarkenstaaten Andorra und Monaco. Sie heißen so, weil sie so klein sind wie Briefmarken, darum bin ich auch noch nie dort gewesen.»

«In den Pyrenäen regnet es soviel, darum haben die Leute immerzu Baskenmützen auf, die sie nie abnehmen. Es würde sich gar nicht lohnen.»

«Die wichtigsten französischen Ströme sind die Loire, die Garonne und die Rhône; vom Rhein ist es noch nicht raus, ob er nach Deutschland oder nach Frankreich fließt.»

«Die Pyrenäen ziehen sich vom Roten Meer im Osten bis zum Schwarzen Meer im Westen und trennen Franco vom Rest der Welt.»

«Nordfrankreich ist durch die Alpen gegen das Polarklima geschützt.»

«Die Alpen liegen zwischen dem Mittelmeer und steigen zur höchsten Höhe an. Die Pyrenäen gehören nicht dazu; sie haben auch kein Voralpenland aufzuweisen.»

«Die Loire erreicht ihren höchsten Herbstwasserstand am Ende des Frühjahrs.»

«An der Loire liegen so viele Schlösser, weil man die Rivalen der Hofdamen voneinander trennen mußte.»

«In den Wäldern der Ile de France wurde jahrhundertelang so viel gejagt, daß es dort heute mehr Wildrestaurants gibt als Wild.»

«Die französische Landwirtschaft hat ihre Methoden modernisiert. Man zieht die Schweine jetzt im Süden des Landes auf, weil sie die Sonne nicht vertragen. Da krepieren sie schneller, und es gibt mehr Schweinefleisch.»

«In der französischen Landwirtschaft arbeiten mehr Frauen als Männer. Das kommt daher, daß im Weinbau mehr Männer tätig sind als Frauen. Die einen trinken eben Milch, die anderen Wein, so gleicht sich in unserem Lande alles wieder aus.»

«Auf Korsika leben besonders viele Fische, weil die Korsen allerlei treiben, nur keinen Fischfang. Den überlassen sie den Sardinen.»

«In Korsika ist die Sonne so kräftig, daß sie selbst im Schatten scheint.»

«In der Normandie gibt es Heringsfang und Branntweinquellen, von denen sich die Menschen ernähren.»

«Die französische Kanalküste unterliegt einer dauernden Unterspülung. Die Ursache davon sind die Leute, die dort seit vielen Jahren einen Tunnel nach England graben.»

«Seit der Suezkanal gesperrt ist, ist der Ärmelkanal die meistbenützte Kanalisation von Europa.»

«Im Ärmelkanal sind schon mehr Schiffe gesunken als im Suezkanal, aber es ist noch für viele Platz.»

Die Erdkunde bringt nicht nur den Duft der großen weiten Welt ins Klassenzimmer, sie kann auch schweißtreibend wirken und den Lehrer in tiefste Verzweiflung stürzen, wenn er sich ausmalt, wie jene Knilche sich einst in dieser Welt zurechtfinden sollen, die sich von den Dimensionen des Universums ebensowenig eine Vorstellung machen können wie von der Entfernung zwischen Hamburg und Paris, die Sarden für kleine Fische halten und den Eiffelturm für höher als den Mont Blanc. Natürlich wird die Erde, unbekümmert um die kosmologischen und geographischen Phantasien der Knilche, sich weiterdrehen – es fragt sich nur, in welcher Richtung. Schüler verschiedener Altersgruppen meinten dazu:
«Die Erde wird sich auch weiterhin geduldig um den Äquator drehen.»

«Die Erde dreht sich unaufhörlich um die ganze Welt.»

«Der Himmel kreist um die Erde, die sich nebenbei um das Universum bewegt.»

«Die Erde dreht sich um den Globus, dank seiner Achse, welche nur die Gelehrten erkennen können.»

«Die Erde kreist um die Sonne wie ein Schmetterling um eine helle Lampe.»

«Die Erde dreht sich täglich um die Sonne, um sich von allen Seiten schön anzuwärmen.»

«Auf der Erde gibt es verschiedene Klimazonen: die Tropen, die mäßigen Gebiete und die feuchten, die Polarzone und die Pufferzone.»

«Die fünf Erdteile heißen Europa, Asien, Afrika, Amerika, Nordpolynesien und Südpolynesien.»

«Die zwei großen Polargebiete der Erde heißen Antarktis und Arkansas; sie sind durch den Globus miteinander in Verbindung.»

«Der magnetische Nordpol hat sich auf Wanderschaft begeben. Wenn er im Süden angelangt ist, können wir alle Kompasse wegwerfen, falls nicht überhaupt der Globus umkippt.»

«Die Polarregion wird von Eskimos und Eisbären bewohnt. Während den einen die Ausrottung droht, haben die anderen nur die fortschreitende Zivilisierung zu befürchten.»

Ein guter zweiter Platz
für die Erwachsenen

Von der Ausdrucksweise der Knilche haben wir, wie ich glaube, genügend überzeugende Proben gegeben, von ihrer Begabung, die Dinge zu vereinfachen oder zu komplizieren und sich auf komisch poetische Weise zu irren. Es erscheint mir nur fair, den Knilchen nun zu zeigen, daß sie mit solchen Perlen, Böcken und Schnitzern nicht allein auf weiter Flur sind. Kein Geringerer als Balzac hat mir viel Arbeit abgenommen, indem er sich Konversationsperlen notierte, um sie der einen oder anderen seiner Romanfiguren in den Mund zu legen. Auch manche Briefstelle hatte die Ehre, in dieses unschätzbare Notizbuch aufgenommen zu werden:

«Morgen sende ich Ihnen einen Fasan durch meinen Diener. Sie sollten ihn sogleich an den Spieß stecken.»

«Man soll die Haut des Bären nicht abziehen, bevor man ihn verspeist hat.»

«Wenn einem jemand auf die Nerven geht, muß man sich ganz einfach stellen, als existiere man nicht.»

«Hat man einen Krieg angefangen, so muß man ihn um jeden Preis zu Ende bringen, auch wenn man gefallen ist.»

«Ein gutes Thema muß dreierlei enthalten: eine These, eine Synthese und eine Prothese.»

«Kant sprach sich für jene Strafen aus, die den Verbrecher in die Gesellschaft wieder eingliedern, also zum Beispiel für die Todesstrafe.»

Von Balzac und seinen Zeitgenossen in die Gegenwart zurückkehrend, beginnen wir unsere Blütenlese mit Monsieur Christian Fouchet, der zwar nicht mehr Unterrichtsminister ist, doch um einiger schöner Formulierungen willen gleichwohl das Recht hat, auf diesen Seiten unsterblich zu werden. Auf die Fünfeckform unseres Landes anspielend, erklärte er eines Tages, er werde «in allen vier Ecken dieses Pentagons Gymnasien erbauen lassen», und seither rätseln Burgund, Savoyen und die Bretagne, welche Ecke da nun wohl zu kurz kommen wird.

Mit deutlicher Anspielung auf Minister Fouchet hatte ich eines Tages im Fernsehen scherzhaft bedauert, daß man mir die ersehnte Rosette der

Ehrenlegion noch nicht verliehen habe.

«Stimmt!» sagte der Interviewer zu meiner Freude. «Sie hätten sich durch Ihre Bücher wirklich längst die *Fremden*legion verdient.»

Seither habe ich vorsichtshalber nicht mehr an meine Verdienste erinnert.

Aber es muß ja nicht immer der Herr Minister selbst sein. Sehen wir uns mal die offiziellen Verlautbarungen der Schulbehörden an. Da kann man zum Beispiel lesen:

«In Kürze erhalten Sie ein Rundschreiben, das den Tag des Schuljahrbeginns bekanntgibt, der endgültig auf den 20. September festgelegt worden ist.»

Der Verwaltungsdirektor eines Lyzeums in Montpellier kündigte den Eltern an, im Laufe des nächsten Schuljahres würden sie «sechs Vierteljahres-Bulletins» erhalten.

Für Schulmänner gibt es keine Nachsicht. Sie können sich nicht einmal, wie die Herren Redakteure, ganz einfach auf den Setzer ausreden und behaupten, der sei an dem Schnitzer schuld. Schon 1907 schrieb die *Humanité* (ja, die gab es auch damals schon!):

«Die Professoren haben eine schier unlösbare Aufgabe vor sich. Sie rollen nicht nur eine einzige Tonne den Berg hinauf, wie Sisyphus, sondern deren zwanzig.»

Die wahre Freude an dieser selbstbemitleidenden Äußerung wird freilich nur dem zuteil, der weiß, daß Sisyphus nicht eine Tonne den Berg hinanrollte, sondern einen Felsbrocken. Der mit der Tonne war Diogenes . . .

Inmitten dieser Sisyphusarbeit also, in der nach Ansicht der *Humanité* offensichtlich jeder einzelne Schüler eine Tonne oder gar einen Felsbrocken darstellt, sind Ermüdungserscheinungen unvermeidlich, und es wäre absurd, einem Professor anzukreiden, daß ihm hin und wieder ein falscher Satz entfleucht. Ich setze also einiges von dem, was mir bekannt wurde, nicht aus Schadenfreude hierher, sondern allein aus Gründen der Parität:

«Vergegenwärtigen Sie sich die Situation der Inhaftierten in jenem Blutjahr 1789, meine Herren! Stellen Sie sich vor, wie das ist, abends unschuldig eingesperrt zu werden und morgens im Gefängnis guillotiniert aufzuwachen, ohne zu wissen, warum.»

«Jene meine Schüler, die voriges Jahr den Hundertjährigen Krieg mit mir erlebt haben, müßten sich eigentlich an diese Episode erinnern.»

Einen Schüler, der die Klasse wiederholen mußte, begrüßte der Klassenlehrer mit den Worten:

«Da sehe ich ja ein Gesicht, das hier schon einmal die Schulbank gedrückt hat.»

Ein Schüler schrieb mir vor einiger Zeit: «Da ich nun die Schule und damit auch den Französischlehrer gewechselt habe, kann ich, ohne Unannehmlichkeiten befürchten zu müssen, Ihnen einige besonders köstliche Ausflüsse von Professor X. zur Verwendung in Ihrem nächsten Buch zusenden.»

Nun, jener Lehrer hatte mir so viele Perlen aus den Arbeiten gerade dieses Schülers mitgeteilt, daß er für diese Revanche wohl Verständnis haben wird. Ich bin sogar sicher, daß jener Professor der erste sein wird, der über die folgenden Aussprüche lachen wird (falls er sie überhaupt als die seinen erkennt):

«Wie die Schweine und die Eber band man auch die Hühner vor dem Schlachtopfer an allen vier Füßen zusammen.»

«In dieser Epoche seines Lebens war es, daß Molière seinen Namen ablegte und sich fortan nur noch Molière nannte.»

«Chateaubriand hatte von seinem ersten bis zu seinem dreißigsten Lebensjahr eine Amme.»

«Die Gedichte der Symbolisten muß man mit geschlossenen Augen lesen, wenn man sie wirklich genießen will.»

«Jene, die Horaz noch nie gelesen haben, werden ihn gewiß eines Tages wiederlesen.»

«Macht mir vor allem beim Sprechen keine orthographischen Fehler!»

«Frankreich hat von Norden nach Süden einen Durchmesser von etwa neunhundertfünfzig Kilometern, und von Süden nach Norden annähernd ebensoviel.»

«Im Jura herrscht ein ozeanisches Klima, denn dort ist man weit genug vom Meer entfernt.»

«Die Eisenbahnstrecken im Jura sind nicht schiffbar.»

«In der Bretagne züchtet man Schweine und Kühe, um daraus Käse zu machen.»

«In der Camargue gibt es alle Arten von Wasserpflanzen, von den großen Seerosen bis zu den rosigen Flamingos.»

«In Aquitanien gibt es öde Strecken von zwei Millionen Quadratkilometern Länge.»

«Das ist der einzige Förderturm und zugleich der, welcher am meisten leistet.»

«Jeder weiß heute, daß Jesus Christus nicht in seinem Geburtsjahr geboren wurde.»

«Der heilige Bernhard reformierte die Klöster. Zu diesem Zweck teilte er die Mönche in zwei Teile.»

«Der Papst zog es vor, lieber zu fliehen, als für den Rest seines Lebens das Zeitliche segnen zu müssen.»

«Die Religionskriege hatten vorwiegend katholischen Charakter.»

«Die Septembermorde gingen in der Nacht vom 2. und 4. vor sich.»

«Die deutsch-französische Grenze war in den Jahren 1875 bis 1914 nicht ein einziges Mal überholt worden.»

«Unter den 130 Abgeordneten waren 160 Kommunisten.»

«In früheren Zeiten konnten die Straßen nicht einmal zu Fuß befahren werden.»

«In kleinen Bauernhöfen dienen die Kühe mitunter den Ochsen beim Ziehen eines Karrens.»

«Die Autobahnen sind nur an ihren Auffahrten zugänglich, und man kann sie dann nicht mehr verlassen.»

«Diese Bewegung begann in der ersten Hälfte des neunzehnten Jahrhunderts, setzte sich in der zweiten Hälfte fort und erreichte in der dritten ihren Höhepunkt.»

«Die Bevölkerung Frankreichs vermehrt und vermindert sich ohne Unterlaß.»

«Der Ärmelkanal trennt England von Großbritannien.»

«Die englische Durchschnittsfamilie hat ein Kind, höchstens aber anderthalb.»

«Die belgischen Emigranten kehren meist nach Hause zurück, sobald sie gestorben sind.»

«Auch dem besten Torero kann es passieren, daß der Stier ihm Hörner aufsetzt.»

«Man konstruierte die Transsibirische Eisenbahn, die Rußland mit der Pazifikküste verbindet, quer durch die Vereinigten Staaten.»

«Die Russen haben die Transsaharabahn bis nach Wladiwostok verlängert.»

«Die Blinden haben nicht die gleiche Optik wie wir.»

«Ein linker Handschuh findet nicht in der rechten Hand Platz.»

«Die Deklinationen müssen kommen wie ein Reflex, wie aus der Pistole geschossen, so wie das kleine Einmaleins. Zum Beispiel: Sieben mal sechs – gleich vierundfünfzig!»

«In neunundneunzig Fällen von zehn ist es so!»

«Er überlegte, ohne daß jemand es hören konnte.»

«Der Raum, um den es sich handelte, war etwa doppelt so groß wie der halbe Schulhof.»

«Er erdolchte ihn mit einem einzigen Beilhieb.»

«Sie sahen die Kugeln an ihren Ohren vorüberpfeifen.»

«Unter den Blinden ist der Einarmige König.»

«Das erste Stammeln des Stummfilms wird mir unvergeßlich bleiben.»

Hier, beim Stichwort «erstes Stammeln», muß ich gestehen, daß meine Leser mir in meinen ersten Büchern ähnliche Fehler und Schnitzer nachgewiesen haben, wie ich sie von anderen, Schülern und Lehrern, sammelte. Eine besonders hübsche Pointe nannte ich beispielsweise eine «Perle von reinstem Wasser».

Zugegeben, solche Perlen findet man nicht in Austern, sondern nur im Sprachsalat.

Und weil wir gerade bei den unverzeihlichen Black-outs der Profis sind, reihe ich gleich noch ein paar andere Perlen aus Lehrermund auf:

«Ich nehme nun zwei Porzellanschälchen. In das mittlere gebe ich einen Tropfen Benzol.»

«In den Transistorgeräten sind die Batterien kaum größer als das ganze Gerät.»

«Nehmen Sie zunächst einen Kupferdraht aus Eisen . . .»

«Wenn man eine Ätherflasche, die halb voll ist, ohne Korken über Nacht stehen läßt, findet man sie am nächsten Morgen halb leer vor.»

«Beim Vorderradantrieb sitzt der Motor vorne, und die Räder befinden sich hinten.»

«Die Ausrüstung zum Fangen einer Giraffe umfaßt Netze, Lederstricke und tragbare Löcher.»

«Dieser Fisch kann vierzehn Tage lang leben, ohne auch nur einen Fuß ins Wasser zu setzen.»

«Man erkennt die verschiedenen Hunderassen an der Farbe ihres Gefieders.»

«In den Kalkgesteinsschichten leben Millionen winziger Tiere, die seit Urzeiten tot sind.»

«Das Steppengras wird dort so hoch, daß man das Pferd auf dem Reiter nicht sieht.»

«Früher pflanzten sich die Seuchen zu Fuß fort. Die moderne Technik hat auch dafür schnellere Wege gefunden.»

«Der Wal ist der Hauptlieferant des Dorschlebertrans.»

«Das Reisstroh ist völlig unverwertbar, darum macht man daraus die Zellulose.»

«Wie ihr aus meinem Akzent erkennen könnt, komme ich zum größten Teil aus Südfrankreich.»

«Beim Handball darf der Spieler den Ball höchstens mit zwei Händen halten.»

«Die Handballen müssen zur Erde blicken.»

«Wenn ihr so weitermacht, werde ich alle eure Noten um zwei Minuspunkte erhöhen.»

«Als Strafe klettern Sie jetzt dreimal das Seil hoch, ohne zwischendurch herunterzukommen!»

«Beim nächsten Mal bringt ihr eure weißen Trikots mit, dann kann ich getrennte Mannschaften in Blau und Rot machen.»

«Merkt euch, daß einer, der sich nicht verständlich zu machen weiß, ein Trottel ist. Habt ihr mich verstanden?» (Stimme aus dem Hintergrund: «Nein . . . !»)

«Ich wiederhole nun zum zweitenmal, daß ich keinesfalls irgend etwas zweimal zu sagen beabsichtige.»

«Ich höre euch da hinten sprechen . . . Ihr glaubt wohl, ich säße auf meinen Augen.»

«Singt von mir aus, aber seid ruhig dabei!»

«Ihr habt hier nur ein einziges Recht, nämlich das, zu schweigen, und auch das kann ich euch nehmen.»

«Also das hat man doch wirklich noch nie gesehen. Jedes Jahr ist es dasselbe!»

«Sprecht vor allem leserlich.»

«Man darf seine Zeit nicht damit zubringen, daß man sie vergeudet.»

«Ich möchte, daß alle von euch unter die ersten zehn in der Klasse kommen!»

«Nächsten Mittwoch gibt es eine Schularbeit ohne Vorankündigung.»

«Fünfzehn Minuten genügen reichlich, eine Viertelstunde wäre schon zuviel!»

«Ich mache euch darauf aufmerksam: ich werde mir irgendeinen von euch wahllos herausgreifen, und ich weiß auch schon, wen!»

«Wenn der Schuldige sich nicht meldet, bestrafe ich den, der neben ihm sitzt.»

«Falls ich bis zum Ende der Stunde noch nicht weiß, wer das getan hat, melde ich denjenigen dem Direktor, und der wird sich dann wundern.»

Nicht immer hat der Lehrer zu Recht Anlaß, sich zu wundern oder erzürnt zu sein, wenn er auf eine Frage eine unbefriedigende Antwort erhält. Vielleicht war ja schon seine Frage unbefriedigend formuliert, also unpräzis.
    Eine Lehrerin fragte den sechsjährigen Marc:
    «Sag mir, Marc, was du von den Galliern weißt. Was meinst du, wie die gelebt haben?»
    Marc antwortet mit trotziger Miene:
    «Wie die gelebt haben, interessiert mich nicht!»

«Was weißt du über die zunehmende Luftverpestung?» fragt der Lehrer einen Schüler.
    «Ich war es jedenfalls nicht», ist die Antwort.

Aber auch die Knilche, die überhaupt nichts sagen, sind durchaus imstande, einen Lehrer aus der Ruhe zu bringen. Sie sitzen da, sie brüten Anschläge aus, sie mokieren sich heimlich, sie scheinen auf den geeigneten Augenblick zum Losschlagen zu warten, so daß ein Physikprofessor, der es nicht gelernt hatte, mit der Bombe zu leben, schließlich wütend fragte:

«Ihr sitzt so stumm da, als sei euch bei meiner Frage Hören und Sehen vergangen.»

Ein anderer wieder wäre für eben dieses stumme Dasitzen sehr dankbar gewesen und verlangte:

«Der Lärm muß ruhiger werden!»

Und wieder ein anderer gestand, am Ende seiner Nervenkraft:

«Ich höre ganz deutlich, daß einige von euch hinterrücks lächeln!» Womit er wenigstens erreicht hatte, daß nicht mehr stumm gelächelt wurde, sondern schallend gelacht.

Da alle Ermahnungen nichts nützten, wollte er sie bei ihrem Stolz packen: «Ich erkläre ausdrücklich, der nächste, der redet, ist in meinen Augen ein Idiot!»

Da sich daraufhin in der Klasse erwartungsvolles Schweigen ausbreitete, mußte wohl oder übel der Lehrer als nächster den Mund aufmachen. Von dem unerwartet negativen Effekt seiner Drohung überrascht, stotterte er:

«Das ist mein Standpunkt, und den teile ich auch!»

Und als alles lachte:

«Zu richtigen Eseln fehlt euch nur noch das Geweih!»

Mit genialen Feststellungen wie dieser beweisen die Senioren-Knilche den Junioren immer wieder, daß sie noch nicht zum alten Eisen gehören. Sich irren, erhält jung! Hoffen wir darum, daß auch weiterhin das Alter nicht vor Torheit schützen möge.

DOOF

rororo

Joe David Brown
Die Geschichte von Addie und ★ Long Boy ★ und wie sie beide fröhlichen Herzens auf anderer Leute Kosten lebten

Rowohlt

320 Seiten. Geb.

Taschenbuchausgabe: rororo Band 1810

776/2